KB264223

韓國 企業의 國際合作投資 特性과 成果

韓國 企業의 國際合作投資 特性과 成果

김용식 著

目 次

그림目次

第1章 序 論

第1節 問題의 提起

1980년 후반 이후 세계경영환경 변화의 특징은 산업의 세계화와 무역자유화의 추진으로 인한 각국 간의 자유화의 진전과 기술변화속도의 급속화 및 이로 인한 제품수명주기의 단축 그리고 신제품이나 새로운 프로젝트에 요구되는 자금의 거대화 및 실패 위험의 증가 등으로 요약할 수 있다. 이러한 경영환경의 변화는 기업들로 하여금 독자적인 경영방식보다는 기업 간의 협력을 통한 위험이나 비용의 공동 부담 노력의 추진과 신규 및 잠재 경쟁 기업에 대한 공동대응 전략으로서 협력 전략의 중요성을 가중시키는 계기가 되고 있다.

한국 기업들도 이러한 경영환경 변화에 대한 적극적인 대응 전략으로서 해외직접투자를 통한 세계화에 박차를 가하고 있다. 해외직접투자의 증가에 있어서 1990년 이후 나타나고 있는 특징은 1980년대의 미주 시장에 대한 투자 집중과는 달리 동남아 시장 및 중국에 대한 투자가 급증하고 있다는 것과 단독 투자보다는 합작 투자의 비중이 증가하고 있다는 것이다. 합작 투자의 비중은 1980년까지만 하더라도 전체 해외직접투자의 31.2%에 불과하였으나 1990년에는 33.7% 그리고 95년 말에는 49.7%로 합작을 통한 해외 시장진출 방법의 활용이 증가하고 있는 추세이다.[1]

이와 같은 한국 기업의 국제합작 투자의 비중 증가는 합작 투자에 대한 새로운 인식 전환이 이루어지고 있다는 반증이기도 하다. 한국 기업들도 독립적인 경영으로 인한 제한점(자본 한계 및 실패 시의 위험부담 문제 등)을 탈피하고 자사가 부족한 자원을 가진 외국 파트너와의 합작을 통한 시너지 효과 등을 통하여 경쟁력의 향상을 가져올 수 있는 전략 수단으로서 합작을 고려하고 있다는 것을 시사한다. 그러나 이와 같은 합작 투자의 비중 및 관심 증가와는 달리 학계에서의 연구는 그다지 활발하지 않으며 다음과 같은 한계점도 내포하고 있다.

첫째, 기존의 연구들은 주로 합작 기업의 조직 특성변수들(통제, 갈등, 신뢰성 그리고 파트너의 기여도) 간의 상호 작용보다는 독립성을 가정한 다음 이들 변수들을 가장 잘 설명할 수 있는 요인들이 무엇이며 이들 변수들이 성과에 어떠한 영향을 미치는가를 조사하고 있다. 파트너의 기여도를 강조한 Beamish(1988), 이철(1991) 등의 연구와 박의범(1988) 및 이철과 Beamish의 연구(1995)처럼 파트너의 기여도, 통제 정도, 합작 사업에 대한 모기업의 관심이나 신뢰성 정도 등의 독립변수들이 성과에 어떠한 영향을 미치는가를 실증 조사를 통하여 제시하였다. 그리고 각각의 조직 특성변수들을 다항목으로 측정한 다음 어느 항목이 성

---

1) 한국은행외환업무부, 「해외투자통계연보」, (1996), p.71. 잔존·투자 건수임.

연도 소유권	1976		1980		1985		1990		1995	
	건수	비중	건수	비중	건수	비중	건수	비중	건수	비중
1-49%	22	10.5	48	17.2	91	21.0	224	18.3	1,029	19.3
50%	6	2.9	20	7.2	23	5.3	98	8.0	500	9.4
51-99%	20	9.6	19	6.8	44	10.2	209	17.0	1.11	21.0
100%	161	77.0	192	68.8	25	63.5	1,226	56.7	5,326	50.3

과와 직접적인 관련이 있다는 것과 어떤 요인들이 조직 특성변수들을 가장 잘 설명할 수 있는가 하는 분야에 집중되어 있다.

그러나 이와 같은 연구들의 한계점으로는 조직 특성변수들 간의 상호 작용관계의 존재를 무시하였다는 것이다. 기존 연구에서 나타난 상호 작용관계 즉, 예를 들면 파트너 기여도의 향상은 파트너에 대한 신뢰감을 상승시킬 것이며 파트너에 대한 통제의 감소와 갈등의 감소를 가져올 수 있다는 연구 결과들이 있다. 따라서 기존의 연구들과는 달리 이들 조직 특성변수들의 상호 작용관계를 고려하여 이들 변수들이 성과에 미치는 직·간접적인 효과를 고려하는 연구가 필요하다.

둘째, 합작 사업의 성과를 단일 지표만을 사용하여 측정하고 있다.[2] 이와 같은 단일 지표의 사용은 연구의 편리성과 자료 수집의 어려움 등이 가장 큰 이유이다. 단일 지표로는 재무적 지표를 이용한 Tomlinson(1970), Lecraw(1983), Renforth(1983) 등이나 합작 투자의 지속성이나 소유권 변화 여부 등의 2차 자료를 이용한 Franko(1970), Harrigan(1986), Geringer and Woodcock(1995), Yan and Gray(1995) 등의 연구가 있으며 Schaan(1983), Beamish(1984), 박의범(1988), 이장호(1989), 이철(1991), 조규남(1993), Osland and Cavusgil(1996) 등의 연구는 주관적 만족도를 성과 지표로 사용하고 있다. 이와는 달리 Killing(1983), Beamish(1987), Geringer and Hebert(1991) 등의 소수의 연구들은 복수 지표를 이용하여 성과를 측정하였지만 이들의 연구는 다만 복수 지표들 간의 관련성 여부를 규명한 것이지 결정 요인이 왜 다른가에 대한 이유 등을 규명하지

---

2) 성과 측정과 관련된 자세한 내용은 제2장 2절을 참조하기 바란다.

14

는 않았다.

그러나 성과에 관한 최근의 연구 추세는 성과의 다차원성과 산업 내 차이를 고려하여 하나의 지표를 사용하는 것은 불완전하다는 지적하에 허문구(1992), Geringer and Hebert(1991), Hatten, Schendel and Cooper(1978) 등의 연구에서는 복수 지표를 사용하고 있는 실정이다. 하지만 합작 투자에 관한 지금까지의 연구는 단일 지표만을 사용하는 연구가 대부분이며 복수 지표를 사용한다 하더라도 이들 변수들 간의 관련성 규명에 그치고 있는 실정이다. 즉 재무적 지표와 만족도 사이의 상호 관련성을 규명하는 데 불과하다. 따라서 합작 사업에 있어서도 성과의 다차원성을 고려한 복수 지표의 사용과 더불어 지표에 따라서 결정 요인에 차이가 있는지에 대한 실증연구가 필요하다.

셋째, 국제합작 투자에 관한 관심 증가와는 달리 한국 합작 기업의 성과에 관한 실증연구가 부족하다. 박사학위논문인 곽무섭(1991), 조규남(1995), 박석호(1995)와 이장호(1989) 및 이철(1991) 등의 소수의 연구만이 합작 기업의 성과에 관한 가설 검증과 실증연구를 구체적으로 실시한 것에 지나지 않는다. 그러나 합작 투자에 관한 관심과 한국 기업의 국제합작 투자의 증가가 본격화되고 있는 지금 시점에서는 한국 기업의 해외합작 투자에 대한 실증연구 및 실태조사가 중요하다 하겠다.

第2節　研究目的

　본 연구는 최근의 국제경영환경에 있어서 기업 간 제휴나 합작 투자가 증가하고 있는 시점에서 한국 기업들의 국제합작 투자에 관한 실증연구를 통하여 다음과 같은 연구목적을 수행하고자 한다.

　첫째, 합작 기업의 조직 특성(갈등·통제·신뢰도)변수들과 상대 파트너의 특성으로 파악한 파트너 기여도의 항목 그리고 모기업 특성변수들(연구개발비의 비중과 국제화 경험)이 합작 기업의 성과에 어떤 영향을 미치는가를 규명하고자 한다. 합작이라는 것을 각 파트너의 자원의 결합을 통한 공동경영이라는 관점에서 파악할 때 가장 중요한 것을 합작 기업의 조직구조에서 찾고자 하는 것이다. 그리고 모기업의 특성과 파트너 특성 역시 합작에 참여하는 기업들의 독특한 경쟁우위 요인으로써 성과 향상에 영향을 미치기 때문이다.

　둘째, 조직 특성변수들과 파트너 기여도 간의 관계를 상호 작용을 하고 있는 유기적인 구조로 파악하여 이들이 상호 작용을 통하여 성과에 직·간접적으로 어떠한 영향을 미치고 있는가를 실증 조사한다. 즉 기존의 논문들이 조직 특성변수들 간의 독립성을 가정한 것과는 달리 상대 파트너의 기여도의 증가는 파트너에 대한 신뢰도를 증가시킬 것이며 갈등을 줄일 수 있으며 파트너에 대한 통제권을 약화시킬 수 있는 등 상호 작용이 존재할 수 있다는 것이다. 따라서 이들 변수들 간의 상호 작용효과를 고려하여 이들이 성과에 어떠한 영향을 미치는가를 규명하기 위하여 구조방정식모형을 통한 실증연구를 실시하였다. 구조방정식모형은 연구자가 파악하고자 하는 독립변수 및 종속변수들 간의 상호 작용관계(혹은 인과관계)를 고려한 평가가 가능하다는 점에서 변수들 간의 상호 작용관계를 고려하여 이들이 성과에 미치는 직·간접적인 효과를 평가하는 데 적합하기 때문이다.

셋째, 한국 기업의 성과 요인을 성과의 다차원성을 고려하여 복수 지표를 이용하여 측정한다. 합작 사업의 성과를 한국 측 사업담당자의 주관적인 평가를 이용한 만족도와 회계적 지표에 바탕을 둔 재무적 지표(수익성과 성장성)로 구분하여 측정한다. 이와 같은 복수 지표의 사용은 단일 지표의 사용과는 달리 왜 특정변수가 성과변수에 따라 영향을 미치지 못하는지 그리고 왜 차이가 있는지를 규명할 수 있다는 장점이 있다. 그리고 복수의 성과 지표에 대한 실증연구는 그동안 독립적으로 실행되어온 연구들 간의 비교 연구 및 기존 연구들의 재해석을 통하여 성과에 관한 이해력을 넓히는 데 기여할 수 있을 것이다.

넷째, 합작 투자 기업의 성과 결정 요인에 관한 연구 가설의 검증에 근거하여 성공적인 기업 관리에 필요한 지침을 제시하고자 한다. 성과 지표에 따른 결정 요인을 규명하고 이러한 결과를 바탕으로 기업운영상의 시사점 및 조직 특성변수들에 대한 관리 지침을 제시할 것이다. 그리고 한국 기업의 국제합작 투자의 특징을 국제합작 투자의 동기와 상대 파트너의 유형, 조직 특성변수들의 특징, 한국 기업들의 국제합작 투자 경험 유무 등과 합작 투자 기업의 판매시장, 유통 경로, 원자재 조달처, 마케팅 전략의 표준화 여부, 노무관리 분야 등과 합작 기업의 단독 전환 및 철수 이유 등의 실태를 직접 면담과 전화 및 설문지 조사 등을 통하여 제시하였다.

第3節 研究의 構成

본 연구는 크게 5장으로 구성되어 있다.

제1장은 기존 연구의 추세와 문제의 제기를 통하여 기존 연구의 한계점과 본 연구의 필요성 및 목적 등을 기술하였다.

제2장은 기존 문헌 연구 분야로서 국제합작 투자의 정의 및 국제합작 투자의 특성 차이에 관한 연구들을 살펴보았다. 기존의 성과 측정에 관한 연구를 성과 지표(주관적 만족도 및 재무적 지표와 지속성, 소유권 변화 등)에 따른 연구 동향과 최근의 복수 지표를 이용한 연구 결과 등을 조사하였다. 성과 결정 요인에 대해서는 조직 특성변수들을 독립변수로 이용한 실증연구의 결과들을 제시할 것이다. 이와 더불어 이들 조직 특성변수들의 상호 작용관계에 관한 연구들을 살펴보았다. 또한 국제합작 투자의 이론에 대해서는 조직학습관점과 거래비용을 이용한 여러 학자들의 견해를 살펴보기로 한다.

제3장은 연구 가설의 설정 및 조사방법론을 제시하였다. 본 연구에서 수행하고자 하는 개념적 모형과 조직 특성변수들 간의 인과관계를 고려한 구조방정식모형 등을 제시하였다. 또한 기존 문헌

연구들을 통하여 이들 변수들이 성과에 미치는 가설을 설정하였다. 조사방법론에서는 본 연구의 표본조사대상 업체 및 변수의 측정 방법 그리고 실증 분석을 위한 통계 방법들을 기술하였다.

제4장은 실증 분석의 결과 및 연구의 해석과 토의 부분이다. 실태 분석을 통하여 한국 기업 측의 합작 기업에 대한 통제 정도, 신뢰도 정도, 갈등 정도 및 현지 파트너의 기여도 정도 등을 살펴보았다. 그리고 합작 기업의 성과를 주관적인 만족도와 재무적 지표로 구분하여 조사하였으며 모기업 특성변수인 연구개발비의 비중과 국제화 경험 등을 실증 분석에 앞서 제시하였다. 실증 분석에서는 LISREL 분석 결과와 상관관계 분석의 결과를 제시하였다. 연구의 해석 및 토의부문에서는 기존 연구들과의 비교와 직접 면담과 전화 면접을 통하여 파악된 사실 등을 바탕으로 연구의 시사점을 찾아볼 것이다.

제5장은 결론 부분이다. 연구 결과를 요약하였으며, 본 연구의 한계와 향후의 연구 과제를 제시하였다. 그리고 부록에서는 LISREL 분석의 통계치와 합작 투자에 대한 일반적인 실태 분석 내용 및 설문지 등을 수록하였다.

第2章 國際合作投資에 대한 文獻 考察

第1節 國際合作投資의 特性 差異에 關한 研究

1. 國際合作投資의 定義

國際合作投資(International Joint Venture)에 대한 일관된 정의는 부족하지만 본 연구에서는 "국적이 상이한 두 개 이상의 기업들이 기업경영에 있어서 일정 지분의 자본 참여를 통하여 기업 활동을 공동으로 수행하는 것"이라 정의할 수 있다. 이와 같은 정의는 다음과 같은 조건이 충족되는 경우로 국제합작 투자를 제한하기 위함이다.

첫째, 합작에 참여하는 기업들 중에서 적어도 하나 이상의 기업이 합작 기업을 설립하는 국가 이외에서 본격적인 영업 활동을 수행하고 있는 타 국적의 기업이어야만 한다. 국적이 상이한 기업 간의 공동경영을 통하여 타 기업이 보유하고 있는 각종 지식이나 자원의 결합을 통한 시너지 효과를 창출할 수 있는 반면에 기업조직 간에 존재하는 조직 문화 및 국가 간 문화 차이로 인한 기업운영상의 갈등 요인이 존재하게 된다.

국적이 상이한 기업 간의 결합을 국제합작 투자로 정의한 학자들로는 Geringer and Hebert[1]와 Geringer and Frayne[2] 그리고 Kolde[3] 등에서 찾을 수 있다.

둘째, 파트너 기업들의 일정 지분 이상의 자본 참여 및 공동경영 활동을 요구한다. 이러한 관점은 국적이 상이한 기업 간의 다양한 공동계약 형태 중에서도 파트너들이 제반 자원의 공동 참여를 통하여 사업 활동에 같이 참여하는 경우만을 국제합작 투자로 제한한다는 것이다.

기존 연구자들 중에서 자본의 참여를 통한 공동경영과 지속적인 경영 활동을 강조한 학자들로는 Hennart와 Kolde 등이 있다.

Hennart[4]는 거래비용관점을 통한 국제합작 투자를 설명하면서 합작 참여 기업들 간의 공동 자본의 출자와 공동경영노력을 필요로 하는 자본 참여 합작만을 좁은 의미로 사용하였다. 이와는 달리 라이슨싱이나 유통 그리고 공급계약 형태나 경영계약 형태 등의 계약 형태의 합작 즉, 비 자본 참여 합작 투자는 국제합작 투자에서 제외하였다. 그리고 Kolde(1973)는 국제합작 투자를 특정 사업의 완료와 동시에 해체되어 버리는 컨소시엄(consortium) 과는 구분 지어야 된다고 하였다.

---

1) J. Michael Geringer and Louis Hebert, "Control and Performance of International Joint Ventures", *Journal of International* Business Studies, 20, No.2(1989), p.235.

2) J. Michael Geringer and Collete A. Frayne, "Human Resource Management and International Joint Venture Control: A Parent Company Perspective", *Management International Review*, 30 (Special Issue 1990), p.104.

3) Endel J. Kolde, *International Business Enterprise*, 2d. ed., (Englewood. Cliffs New Jersey: Prentice-Hall, 1973).

4) Jean-Francois Hennart, "A Transaction Costs Theory of Equity Joint Ventures", *Strategic Managements Journal*, 9 (1988), pp.361-362.

2. 國際合作投資의 特性 差異

국제합작 투자에 관한 실증 연구의 결과는 연구자 및 연구 시기 그리고 합작 투자 대상 지역의 차이와 합작에 참여한 기업의 보유 자원의 차이로 인해 합작 투자의 특성에 차이가 발생할 수 있다는 것이다. 기존 연구에서 중요하게 다루어지는 합작 투자의 특성으로는 안정성, 소유권과 통제의 관계, 통제와 성과와의 관계 그리고 만족도 등이다. 연구 결과의 일관성이 부족하다는 단점은 있지만 합작 투자의 특성에 대한 비교 연구는 경영자들에게 합작 투자의 특성이 투자 기업의 내부 여건 및 외부 환경에 따라 분명히 다르다는 것이며 이러한 특성 차이를 고려할 때 모든 지역에 일관된 정책의 실시는 바람직하지 않다는 것을 명심하는 데 도움을 줄 수 있을 것이다.[5]

1) 合作 事業의 安定性(Stability)

안정성이란 최초 합작 투자와 비교하여 투자 지분의 변화나 조직운영상의 중요한 변화가 일어나지 않는 정도를 말한다. 기존의 연구를 볼 때 합작 사업의 안정성은 연구자와 연구대상 지역에 따라 차이가 나고 있다.

첫째, 현지국 정부의 외국 기업에 대한 투자 정책이나 환경의 차이가 안정성의 차이를 가져온다는 것이다. Beamish의 연구

---

5) Paul W. Beamish, *Multinational Joint Ventures in Developing Countries*,(London and New York: Routledge, 1988), pp.21-22.

(1985)에 따르면 개도국일수록 선진국과는 달리 정치적 불안정 정도가 높다는 것과 정부의 현지화 정책 추구로 인한 외국 기업 소유 지분의 인수가 많기 때문에 합작 사업이 불안정하다고 하였다. 이와는 달리 중국 지역에 대한 별도의 연구[6]에서는 오히려 중국 측의 소유권 규제정책이 지속되고 있다는 것과 합작 계약서 조건 변경의 어려움 등으로 인하여 합작 사업의 안정성이 높다고 지적하였다.

둘째, 모기업 측의 현지 경영환경 전반에 대한 인식 차이 때문이라는 결과도 있다. 이철과 Beamish의 연구[7]에서는 개도국에 대한 한국 기업과 선진국 기업 간의 투자에 있어서 현지국의 문화나 정치적 요인 등에 대한 현지국 파트너와의 인식 갭이 상대적으로 적은 한국 기업이 안정도가 높다고 하였다.

이와 같은 결과를 볼 때 합작 사업의 안정성은 투자 지역과 투자 기업의 특성에 따라 차이가 난다는 것을 알 수 있다. 하지만 하나의 지적 사항은 합작 사업의 불안정성이 반드시 사업 실패나 합작 사업의 내재적인 문제점으로 인정되어서는 안 된다는 것이다. 왜냐하면 합작 사업체의 청산, 현지 파트너에게 기업 판매, 자회사로의 매입 등의 불안정성이 반드시 사업상의 부진이 아닌 기업의 전략적 차원에서 주변 환경의 변화에 대응하기 위한 전략으로 활용될 수 있기 때문이다.[8]

---

6) Paul W. Beamish, "The Characteristics of Joint Ventures in the People's Republic of China", *Journal of International Marketing*, 1, No.2(1993), p.41.
7) Chol Lee and Paul W. Beamish, "The Characteristics and Performance of Korean Joint Ventures in LDCs", *Journal of International Business Studies*, 26, No.3(1995), pp.640-641.

2) 所有權과 統制 程度와의 關係

소유권과 통제 사이의 관계 역시 연구자에 따라 상반된 결과를 보이고 있는데 그 이유는 다음과 같이 설명할 수 있을 것이다.

첫째, 현지국의 투자 정책에 대한 태도와 합작 기업 간의 경쟁 우위의 원천 차이에서 찾을 수 있다. Killing[9]에 따르면 선진국 기업 간에 있어서는 양 기업 간의 경쟁우위원천이 비슷함으로 인해서 소유권의 비중이 통제 정도를 결정짓는 것으로 나타났다. 즉 다수 지분인 기업이 높은 통제권을 발휘하며 동등 소유는 통제권의 양분을 가져온다는 것이다. 하지만 Beamish(1988)의 연구에서는 개도국인 경우에는 선진국 시장과는 달리 현지 정부의 개입으로 인한 현지 파트너의 경영권 개입 자체가 소유권 비중과는 상관없이 통제력을 높일 수 있다는 지적을 하고 있다. 또한 현지 기업과 외국 기업 간의 기여 자산의 차이 및 다양하고 보다 정교한 통제 방법을 통하여 소유권 비중이 낮으면서도 높은 통제권을 발휘할 수 있기에 소유권과 통제 사이의 일반적인 관계를 규명할 수 없다는 것이다. Sohn[10] 역시 자회사에 대한 소유권 정도는 통제 정도보다는 모기업이 가지고 있는 사회 전반에 관한 지식이 더 중요하다고 하였다.

---

8) Benjamin Gomes-Casseres, "Joint Venture Instability: Is It A Problem?" *Columbia Journal of World Business*, (Summer 1987), pp.97-102.

9) J. Peter Killing, *Strategies for Joint Venture Success*, (New York: Prager, 1983), pp.22-24.

10) Jung Hoon Derick, Sohn, "Social Knowledge as a Control System: A Proposition and Evidence from Japanese F. D. I. Behavior", *Journal of International Business Studies*, 25, No.2(1994), pp.295-324.

24

둘째, 합작에 참여하는 외국 기업의 소유권에 대한 선호 정도를 지적할 수 있다. 한국 기업의 경우 합작에 있어서 선진국 기업과는 달리 해외자회사에 대한 다양한 통제 방법이 부족하기에 소유 지분을 통한 통제권에 집착하게 한다는 것이다. 또한 대다수의 한국 기업들은 해외자회사에 대한 높은 통제권을 선호하기에 다수 지분 확보를 통한 기업의 경영권 확보를 중시하는 특성 때문이라는 것이다.

결국 합작 투자에 있어서 소유권과 통제 사이의 관계는 개도국 시장일수록 상반된 결과를 보이고 있으며, 합작 투자에 대한 정부의 정책적 경향과 외국 기업의 다양한 통제 수단의 존재 여부 및 소유권 선호 경향 등에 의해서 결정된다.

3) 統制와 成果와의 關係

통제와 성과 사이의 연구 결과도 상반된 결과를 보이고 있다. 이는 통제에 대한 측정 방법상의 차이와 더불어 연구 대상 지역 및 기업의 특성차이에 의해서 결과가 혼합되어 있기 때문이다. 실증결과는 동일한 문화권 내에서의 합작 투자에서는 상반된 결과를 보이고 있으나 문화나 인식 갭의 차이가 많이 나는 곳일수록 동등 지분이 높은 것으로 조사되었다.

Beamish의 화교권 국가들의 중국 투자에 관한 연구(1993)에서는 기업운영 방식과 현지 사회에 대한 정보 부족 등은 어느 일방이 강력한 통제를 하면 할수록 오히려 성과의 악화(통제와 부의 관계)를 가져온다 하였다. 이와는 달리 한국 기업의 개도국에 대한 투자에서는 문화적 차이가 비슷한 데도 불구하고 한국 기업들의 소유권을 통한 통제권의 확보와 제3국 수출을 위한 통제의 강화를 이유로 통제 정도가 높을수록 성과가 높은 것으로 나타났다.

그리고 선진국 기업들의 대선진국 투자와 개도국 투자에 대한 비교에서는 선진국일수록 다수 지분이 성과가 높은 반면[11]에 개도국에서는 동등 지분일수록 성과가 높은 것으로 나타났다.[12]

4) 其他 特性

① 소유 지분에 있어서는 선진국 시장일수록 동등 지분이 선호되는 반면에 개도국 시장에 대한 투자에서는 현지국의 투자 규제와 소유권 이외의 통제 정책이 가능하다는 것 때문에 소수 지분의 형태가 많다.

② 불만족도에 있어서는 개도국에 대한 투자일수록, 그리고 현지국과의 문화적 차이가 클수록 기업운영방식의 차이 및 현지국의 규제에 따른 소유권 이전 등의 원인이 불만족도를 높이는 것으로 조사되었다.

---

11) J. Peter Killing, op. cit., pp.16-19. Killing에 따르면 다수 지분일수록 단독 기업처럼 운영할 수 있으며, 기업의 기능별 부서에 자사의 인적 자원을 배치할 수 있으며, 다수 지분을 통하여 모기업의 경영시스템에 쉽게 적응할 수 있기 때문에 성과가 높다 하였다.

12) Paul W. Beamish, "The Characteristics of Joint Ventures in Developed and Developing Countries", *Columbia Journal of World Business,* (Winter 1985), pp.16-18.

앞에서 살펴본 투자 대상 지역과 합작 투자 기업의 국적 차이에 따른 국제합작 투자의 특징 및 차이점을 살펴보면 〈표 2-1〉과 같다.

〈표 2-1〉 국제합작 투자의 특성과 차이

구분 요인들 / 연구대상 기업	선진국의 선진국시장경제국가 투자(34개 기업)	선진국 기업의 개도국시장경제투자 (66개 표본)	한국 기업의 대개도국 투자 (31개 기업)	중국에 대한 합작 투자 (22개 기업)
합작 사업의 주된 동기	상대방이 보유한 기술습득(64%)	정부 측의 요구 (57%)	상대 파트너의 기술습득	정부 측의 요구
정부 측을 파트너로 선택하는 빈도	낮음	중간 정도 (66개 중 23개)	보통 수준(8/31)	거의 100%
다양한 해외 시장참여 방식 중 합작 투자의 사용빈도	중요함	높음(국가별, 산업별, 기술수준에 따라 변함)	높은 편임	매우 높음(투자 국가, 산업, 기술 수준에 관계없음)
의도한 합작 투자가 실제 투자된 비율	높음	상대적으로 높음	높음	낮음(50%미만)
합작 투자실행 기업의 국적	다른 선진국 기업들	선진국 기업들	한국 기업들	다른 중국동포권 국가들(예 홍콩)
정해진 기간 동안의 합작 투자의 사용비율	낮음(산업에 따라 예외도 있음)	낮음	낮음	높음
일반적인 소유권 형태	동등 지분	소수 지분	소수 지분	소수 지분
소유권-통제 간의 관계	직접적인 관계-소유비율이 높을수록 통제권이 높음	대부분의 다국적 기업들이 소수 지분을 유지하기에 분리하기가 어려움	직접적	간접적임
독립적으로 경영되는 자회사의 수	적음(16%)	무시할 만함	거의 없음	무시할 만함
통제-성과 간의 관계	어느 일방이 지배적일수록 정의 관계를 보임	공동통제일수록 성과가 높음	직접적 (통제가 강할수록 높은 성과)	공동통제일수록 높은 성과
불안정률	30%	45%	낮음(19%)	낮음(27.3%)
외국 기업의 현지 기업 대비 상대적 기술수준	비슷함	상당히 높음	상당히 높음	---
합작관리자의 성과에 대한 불만족도	37%	61%	보통(29%)	높음(63.7%가 불만족하다고 응답)

주: Column 1, 2, 3은 이철과 Beamish(1995, p.651) 논문에서 그리고 Column 4는 Beamish(1993)의 논문에서 인용한 것임.

第2節 成果 測定에 關한 研究

성과 지표에 관한 기존 연구 문헌들의 방향은 두 가지 정도로 특징지을 수 있다. 첫째는 성과 측정에 있어서 하나의 측정 지표만을 이용하여 이들 성과 지표를 가장 잘 설명할 수 있는 결정 요인이 무엇인가를 규명하는 것이다. 둘째는 성과의 다차원성을 반영하여 복수 지표를 이용하며 이들 복수 지표들 간에 어떤 관계가 있는가를 조사하는 것이다. 그러나 합작 투자에 있어서 복수 지표를 이용한 소수의 연구 결과들은 복수 지표들 간의 상관관계를 검증하는 것에 불과하며 성과 지표에 따라 왜 결정 요인에 차이가 있는가에 대한 실증 연구는 거의 전무하다 할 수 있다. 이하에서는 합작 투자 기업의 성과 측정에 사용된 측정 지표별 연구 내용과 복수 지표를 사용한 연구들을 살펴보기로 한다.

1. 客觀的 指標에 의한 評價 方法

1) 합작 사업 구조 변화에 관한 2차 자료를 이용하는 방법

합작 투자의 성과를 합작 기업체의 철수나 존속 여부, 사업계약내용의 재협상 등의 사업 구조의 변화와 관련된 각종 2차 자료를 이용하여 평가하는 방법들이다. 첫째, 합작 투자의 존속 여부(survival)를 사용한 것으로 Franko(1970)와 Geringer and

28

Woodcock,[13] Raveed[14] 등을 들 수 있다. 둘째, 지속 기간 (duration)을 사용하거나 【Harrigan(1986)】 셋째, 소유권 변화를 이용 【Gomes-Casseres (1987), Franko(1970)】할 수 있다. 마지 막으로 사업계약내용의 재협상(renegotiation)을 객관적인 지표로 이용한 Blodgett[15] 등이 있다.

객관적 지표의 장·단점은 다음과 같다. 먼저 장점으로는 ① 기업들이 발표를 꺼리는 재무적 성과 지표를 입수할 수 없을 때 활용할 수 있다.[16] ② 주관적 만족도의 평가에 내재하는 개인적 편견의 개입을 배제할 수 있다.

단점으로는 ① 합작 기업의 소유권 변화에 대한 2차 자료의 신 뢰성에 대한 의문과 이들 2차 자료에 대한 정확한 입수의 어려움 이 존재한다는 것이다. ② 상대 파트너와의 지속적인 상호 작용을

---

13) J. Michael Geringer and C. P. Woodcock, "Agency Costs and the Structure and Performance of International Joint Ventures", in *International Joint Ventures Economic and Organizational Perspectives*, ed, (Dordrecht/Boston/London: Kluwer Academic Publishers, 1995), p.83. 캐나다 기업을 대상으로 연구.

14) S. R. Raveed, "Joint Ventures Between U. S. Multinational Firms and Host Government in Selected Developing Countries: A Case Study of Costa Rica, Trinidad and Venezuela", *DBA Thesis*, Indiana University, 1976, pp.48-52, [as] quoted in, 박의범, "국제합작 투자의 특질과 성과에 관한 실증적 연구", (박사학위논문, 고려대학교, 1988. 12), p.86. n.2.

15) Linda L. Blodgett, "A Resource Based Study of Bargaining Power in U. S-Foreign Equity Joint Ventures", Unpublished doctoral dissertation, University of Michigan, 1987, [as] quoted in, J. Michael Geringer and Louis Hebert, "Measuring Performance of International Joint Ventures", *Journal of International Business Studies*, 22 No.2(1991), p.250, n.2.

16) 박의범, "국제합작 투자의 특질과 성과에 관한 실증적 연구", (박사학위논 문, 고려대학교, 1988. 12), p.86. 재무성과에 관한 자료수집의 불가능성과 학자들 간의 상반된 결론으로 인한 타당성과 신뢰성의 결여 등이 존속 여 부를 사용한다 하였다.

하는 합작 사업의 동태적인 조직구조를 고려할 때 합작 사업의 목적과 관계없이 사업 구조의 변화를 실패로 인정하는 것은 중대한 실책을 범한다는 것이다.[17] 그리고 국제합작 투자라는 것이 시간의 변화에 따라서 조직구조가 변화되는 특징을 가지고 있는데 단순히 조직구조의 변화를 실패로 인식하는 것은 문제가 된다는 지적이다.[18] 또한 합작 사업을 기업 주변 환경의 변화에 따른 자기조정기능(self-organizing systems)을 가진 체제로 인정함으로써 합작 사업의 성과를 향상시킬 수 있다는 주장이 있다.[19]

결국 합작 사업의 조직구조 변화를 이용하는 객관적 자료의 이용은 재무적 지표의 단점을 보완하기 위해 활용될 수 있으나 단순히 조직구조의 변화를 성패로 판정하는 것은 심각한 실수를 야기할 수 있기에 사전의 심층적인 조사를 통한 보완 작업이 필요하다 하겠다.

---

17) 전화 면접 과정에서도 합작의 목적을 달성한 후 사업을 종료한 경우(3건) 와 합작을 통한 경험 습득을 이유로 그리고 파트너에 만족하면서도 운영상의 편리성을 위해 단독으로 전환한 경우 등이 있었다. 따라서 한국 기업의 합작 사업에 대한 성과를 연구하는 본 연구에서는 단순히 단독으로 변화되었거나 소유권의 변화를 실패로 인정하지 않기 위한 방안으로 이들 지표는 배제하였다.

18) Aimin Yan and Barbara Gray, "Bargaining Power, Management Control, and Performance in U. S.-China Joint Ventures: A Comparative Case Studies", in *International Joint Ventures Economic and Organizational Perspectives*, ed. (Dordrecht/Boston/London: Kluwer Academic Publishers, 1995), p.96. 조직구조의 변화 요인으로 현지국의 단독 규제 조치의 완화와 파트너 일방의 중요성 감소에 따른 소유권 이전 및 상대방이 보유한 기술이나 전문지식을 습득함으로써 협상력이 강화된 것 등을 들고 있다.

19) Peter Lorange and Gilbert J. B. Probst, "Joint Ventures as Self-Organizing Systems: A Key to Successful Joint Venture Design and Implementation", *Columbia Journal of World Business*, (Summer 1987), p.72.

2) 재무적 지표를 이용한 연구

재무적 지표에 의한 평가는 합작 사업의 수익성이나 성장성
(매출액, 총자산, 이익) 등의 회계 자료를 이용하여 합작 기업의
경영성과를 측정하는 방법이다. Tomlinson(1970)은 영국 기업들
을 대상으로 수익성(ROI) 지수를 이용하여 성과를 측정하였다.
그리고 Good(1972)은 수익성(ROI, ROE) 및 성장성 그리고 자본
집약도 등의 세 가지 지수를 이용하여 성과를 측정하였으며
Lecraw(1983)[20] 역시 재무적 지표인 수익성을 이용하였다.

재무적 지표의 사용에 있어서 장점은 ① 회계 자료를 바탕으
로 평가하기에 측정이 용이하다. ② 이해관계자들이 기업의 성과
를 판단하는 데 가장 보편적인 자료이다. ③ 다른 연구 결과와의
비교가능성이 가장 높다는 점이다.[21]

한편 단점으로는 ① 자료의 입수 가능성의 어려움과 재무적
성과 지표 이외의 요인들이 개입된다는 것이다.[22] 즉 기업의 조
세나 수익성과 직결된 재무 지표의 경우 사업담당자들이 명확한
답변을 기재하지 않는다는 것이며 합작 사업의 성과와 직접 관
련된 것 이외에 기술이전 수수료나 로얄티, 이전, 가격 등이 포함

---

20) Donald J. Lecraw, "Performance of Transnational Corporations in Less
Developed Countries", *Journal of International Business Studies*, 14 (Spring/
Summer 1983), pp.15-33.

21) 허문구, "전략군 내 기업 간의 성과 차이와 그 원인", (박사학위논문, 고려
대학교, 1992. 6), p.117.

22) J. Michael Geringer and Louis Hebert, "Measuring Performance of International
Joint Ventures", *Journal of International Business Studies*, 22 No.2(1991),
p.251.

될 수 있기에 과대평가될 수 있다는 것이다. ② 현금 흐름을 극대화하려는 기업의 목적상 내재적인 바이어스(bias)가 존재하는 문제점이 있다.[23] ③ 합작 투자가 목적으로 하는 다양한 기업 목적을 효과적으로 평가할 수 없다는 지적이다.[24] ④ 전통적인 회계적 측정방법에 의한 재무적 지표는 과거의 성과만을 반영하기에 정확한 평가를 할 수 없다는 지적이다.[25]

2. 主觀的 指標인 滿足度를 利用한 研究

국제합작 투자 담당자나 최고 경영자를 대상으로 전반적인 목적들에 대한 만족도를 단일 항목이나 여러 항목으로 나누어 평가하는 방법이다. 주관적인 만족도를 통하여 성과를 측정한 학자는 Killing과 Schaan(1983)에서부터 찾을 수 있다. Killing(1983)은 성과를 합작 사업의 조직구조의 변화 및 청산이라는 객관적 지표와 더불어 합작 사업 담당자의 주관적인 평가(Poor, Satisfactory, Good) 방법을 둘 다 사용하였다. Schaan(1983)은 박사학위논문에서 주관적인 만족도를 단일 지수를 이용하여 측

---

23) J. Michael Geringer and C. P. Woodcock, op. cit., p.82.

24) Patrick F. R. Artisien and Peter J. Buckley, "Joint Ventures in Yugoslavia: Opportunities and Constraints", *Journal of International Business Studies*, 16, No.1(1985), pp.111-135.

25) Balagi Chakravarthy, "Measuring Strategic Performance", *Strategic Management Journal*, 7, No.5(1986), pp.437-458. 성과에 대한 정확한 판단을 위해서는 재무적 성과 이외에도 이해 관계자 집단의 만족과 적응 능력을 나타내 주는 여유 자원(slack resource)을 포함하여야 한다고 하였다.

정하였다.

이후 주관적인 만족도를 이용한 성과 지표의 사용은 Beamish
의 박사학위논문 이후 본격화되었다. Beamish는 주관적인 만족
도를 이용하여 만족한 성과와 불만족한 성과로 구분하여 측정하
였다. Davidson[26]의 연구와 Beamish(1993)의 중국에 대한 합작
투자의 연구 및 Osland and Cavusgil의 연구[27]에서도 주관적인
만족도를 이용하였다. 국내학자로는 이장호(1989)와 이철의 연구
(1991)와 조규남(1993), 박석호(1995)의 연구에서 모두 합작 사
업 담당자의 주관적인 만족도를 사용하고 있다.

주관적인 측정 방법에 있어서는 합작에 참여한 어느 한 상대
방만의 만족도를 조사하는 것과 파트너 양측으로부터 자료를 얻
는 방법이 있다.[28] 측정의 신뢰성 차원에서는 상대방 모두로부터
자료를 수집하는 것이 바람직하나 자료 수집에 소요되는 비용이
라는 요인과 합작의 본질상 상대방과의 상호 토론과 의견 교환
을 통하여 상대방에 대한 평가가 가능하기에 어느 일방으로부터
자료를 수집하는 것도 타당하다는 지적이다.

주관적 지표의 장점으로는 ① 객관적 지표가 고려하지 못하는
합작 사업의 다양한 목적들을 가장 효과적으로 파악할 수 있는
방법이라는 것이다.[29] ② 기업의 전략과 장기적 목표를 평가할

---

26) W. H. Davidson, "Creating and Managing Joint Ventures in China", *California Management Review*, 29, No.4(1987), pp.77-94.

27) Gregory E. Osland and S. Tamer Cavusgil, "Performance Issues in U. S.-China Joint Ventures", *California Management Review*, 38, No.2(Winter 1996), pp.106-130.

28) J. Michael Geringer and Louis Hebert, "Measuring Performance of International Joint Ventures", *Journal of International Business Studies*, 22 No.2(1991), p.252.

때 재무적 지표는 일부분만을 반영할 수 있는 반면에 소비자의 만족이라는 요인은 기업이 목표로 하는 바를 가장 포괄적으로 표현할 수 있다는 것이다.[30]

단점으로는 ① 평가자의 주관적 편견이 개입된다는 것이다. 합작 당시의 평가자의 개인의 감정이나 평가 당시의 경영환경 및 재무적 성과의 결과 등이 많은 영향을 미치기에 성과의 정확한 평가가 어렵다는 것이다. ② 이들 주관적 지표의 경우 자료의 체계적인 수집 및 자료 저장이 어렵다는 것이다.[31]

3. 複數 成果 指標를 利用한 硏究

앞에서 살펴본 성과 지표들은 각각의 장·단점을 지니고 있으며 연구자에 따라서 복수의 지표를 같이 사용하는 경우가 있다. 복수의 지표를 사용한 연구들은 대개 두 가지 형태로 구분된다. 첫째는 복수 지표들 간의 상관성을 규명하는 것이다. 즉 재무적 성과의 향상은 주관적인 만족도를 향상시킬 것이며, 기업의 존속 여부나 소유권의 변화 역시 주관적인 만족도나 재무적 성과와 관련이 있다는 것이다. 둘째는 서로 다른 측면을 포함하고 있는

---

29) Erin Anderson, "Two Firms, One Frontier: On Assessing Joint Venture Performance", *Sloan Management Review*, 31, No.2(Winter 1990), pp.19-30. 재무적 지표는 성과의 한 측면만을 내포하고 있기에 합작 투자에 있어서는 기업의 제반 목표를 충분히 반영할 수 있는 주관적인 측정 방법이 필요하다 하였다.

30) Robert G. Eccles, "The Performance Measurement Manifesto", *Harvard Business Review*, (January-February 1991), pp.131-137.

31) J. Michael Geringer and C. P. Woodcock, op. cit., p.83.

복수의 성과 지표를 사용할 경우 과연 이들 지표에 따라서 결정 요인이 차이가 있는가를 규명하려는 것이다. 합작 투자에 관한 소수의 연구 중 대부분은 전자에 집중되어 있으며 왜 성과 지표에 따라 결정 요인이 차이가 있는가에 대한 실증 연구는 거의 전무한 것이기에 이들 분야에 대한 연구의 보완이 필요하다 하겠다.

첫째, 성과 지표들 간의 관련성을 처음으로 규명한 것은 조직 연구 분야에서 찾을 수 있다. Dess and Robinson[32]은 주관적 지표와 객관적 측정 지표들 간에 관련성이 있다는 것을 규명하였다. 합작 투자에 있어서는 Beamish의 연구(1988)에서 주관적 만족도와 재무적 성과(ROE) 간의 강력한 상관관계가 있다고 하였다. 그리고 객관적 측정 지표(존속 기간, 안정성, 지속 기간)와 주관적 만족도 사이의 관계를 연구한 결과 역시 이들 지표들 간의 유의한 상관관계를 발견할 수 있었다.[33] 또한 Osland의 연구 역시 수익성 지표와 주관적 만족도 사이에는 정의 유의한 관계가 있다는 것이다.[34] 즉 수익성이라는 지표 자체가 기업의 성과를 측정하는 대표적인 지수이며 수익성의 증가는 만족도를 향상시키기 때문이라고 주장하였다.

---

32) Gregory G. Dess and Richard B. Robinson, Jr, "Measuring Organizational Performance in the Absence of Objective Measures: The Case of the Privately-Held Firm and Conglomerate Business Unit", *Strategic Management Journal*, 5, No.3(1984), pp.265-273.

33) J. Michael Geringer and Louis Hebert, op. cit., pp.256-257.

34) Gregory E. Osland, "Successful Operating Strategies in the Performance of U.S.-China Joint Ventures", *Journal of International Marketing*, 2, No.4 (1994), p.61.

둘째, 복수 지표를 사용할 경우 과연 성과변수에 따라 결정 요인에 차이가 있느냐 하는 것이다. 먼저 같은 재무적 성과 지표인 수익성과 성장성은 서로 다른 측면을 보이고 있으며 이들 변수들의 결정 요인에 차이가 있다는 것이다.[35] 예를 들어 기업의 성장성은 (－)이나 기업의 입장에서 이전가격조작이나 OEM에 따른 안정적인 판매수익확보 등에 따라서 수익성은 (＋)로 평가할 수 있다.[36]

그리고 주관적 만족도와 재무성과 지표 역시 차이가 있다는 것이다. 그 이유로는 다음과 같은 것들을 들 수 있다. ① 주관적 만족도는 기업의 조직구조변수가 가장 큰 영향을 미치나 성장성이나 수익성 등의 재무적 성과는 전략요인변수가 조직 차원보다 더 큰 영향을 미친다는 것이다.[37] ② 주관적 만족도는 기업의 기술이전, 공동연구, 원자재 시장에 대한 접근 등의 목표를 달성함으로써 높게 평가할 수 있으나 이러한 목적 달성이 재무성과의 향상에는 단기적으로 도움이 되지 않을 수 있다는 것이다. 따라서 목적 달성에 따른 만족도 증가와는 달리 재무적 성과의 향상이 같은 방향으로 증가되지는 않을 수 있기에 부의 관계를 보일

---

35) 허문구, 전게서, p.117; 최만기, "기업의 전략유형, 문화유형 및 재무성과에 관한 실증연구", 「경영학연구」 24, (1994년 12월 특별호), p.30; 하명환, "해외진출 한국섬유산업의 전략군 특성과 경영성과에 관한 실증분석", 「무역학회지」, 20(1995. 6), pp.227-231; 민상훈, "한국 기업의 수출전략·내부능력·수출성과관의 관계연구", (박사학위논문, 고려대학교, 1994. 7), p.131.

36) 면담과정에서 한 응답자는 원자재 공급에 있어서 이전가격 조작 등을 통하여 수익성을 확보하며 투자 원금을 회수하였다 하였다. 하지만 성장성은 초기 단계이며, 외부환경 등에 의해 결정되기에 (－)라는 것이다. 또한 원자재를 공급하는 업종의 대부분 역시 이전가격 등에 의하여 수익성은 확보할 수 있기에 진출하는 업체들이 많다는 응답을 하였다.

37) 방호열, 차영진, "해외직접투자 기업의 투자성과에 관한 실증분석", 「무역학회지」, 21 (1996), pp.195-219.

수 있다. ③ 객관적 측정 지표와 주관적 만족도의 결정 요인의 조사 결과 객관적 지표를 무엇으로 측정하느냐에 따라서 주관적인 만족도의 결정 요인에 차이가 있다는 연구도 있다.[38] 그러나 이 연구는 객관적 지표(존속 여부, 안정성, 지속 기간)들과 주관적인 만족도 간에 정의 상관관계가 있기에 대체 가능하다는 지적과 성과를 측정하는 개별 변수들의 영향력은 차이가 있다는 결과만을 제시하고 있다.

결국 합작 투자의 성과는 여러 가지 지표를 이용하여 평가할 수 있으며 각 지표들 간에는 유기적인 관련성이 있다는 결론을 얻을 수 있다. 그리고 소수의 연구들과 실증 조사과정에서 나타난 것은 성과라는 것은 다양한 특성을 내포하고 있으며 재무적 지표들과 주관적인 만족도 사이에 정의 관계는 존재하지만 결정 요인에는 차이가 있다는 결론을 내릴 수 있다. 따라서 앞으로의 연구 방향은 합작 사업에 대한 성과 측정에 있어서 복수 지표의 사용과 이들 지표들 간의 결정 요인의 차이를 규명하는 것이 필요하다 하겠다.

지금까지의 연구 결과를 정리하면 〈표 2-2〉와 같다.

---

38) J. Michael Geringer and Louis Hebert(1991), op. cit., pp.256-257.

〈표 2-2〉 성과 지표에 관한 연구 비교

	주관적 만족도	재무적 지표	2차 지표의 이용
성과 지표에 따른 연구자들	① Schaan(1983) ② Beamish(1984) ③ 박의범(1988) ④ 이장호(1989) ⑤ 이철(1991) ⑥ 조규남(1993) ⑦ 이철 and Beamish(1995) ⑧ Osland and Cavusgil(1996)	① Tomlinson(1970) ② Good(1972) ③ Renforth(1983) ④ Lecraw(1983)	① Franko(1970) ② Raveed(1976) ③ Harrigan(1986) ④ Gomes-Casseres(1987) ⑤ Blodgett(1987) ⑥ Geringer and Woodcock(1995)
측정 방법	합작 사업 담당자의 주관적인 만족도	① 수익성(ROI, ROE 등) ② 성장성(연평균 성장률)	합작 사업의 소유권 변화나 존속 기간, 청산 여부 등
장점	사업의 목적을 다양하게 반영할 수 있음	① 회계 지표로서 측정이 용이 ② 서로 비교 가능함 ③ 보편적 성과 지표 수단임	① 주관적 평가에 내재하는 편견을 방지할 수 있음 ② 재무 지표의 입수가 불가능할 때 대용 자료로 이용
단점	주관적 편견이 개입됨	① 단기적인 목표만 반영 ② 기업 간 차이 및 조작 가능성이 존재함	① 사업 구조의 변경이나 철수가 사업 실패만은 아님 ② 정확한 자료의 입수 어려움
복수 지표 연구자들	① Killing(1983): 객관적 지표(조직구조의 변화 및 청산)와 주관적 평가를 이용 -성과 지표에 상관없이 통제 정도가 동등할수록 성과는 좋음 ② Geringer and Hebert(1991): 객관적 지표(존속 기간, 안정성, 지속 기간)와 주관적 지표(전반적 만족도) 간의 강력한 상관관계 존재. 개별적 요인에는 차이가 있음 ③ Beamish(1987): 주관적 만족도와 성과 간의 상관관계 존재 ④ 임장식(1995): 수익성과 만족도 간의 높은 상관관계. 성과 지표에 따라 결정 요인이 다름		

주: 기존 연구를 바탕으로 필자가 재정리한 것임.

第3節 組織特性變數와 成果와의 關係 및 組織特性 變數들의 相互作用에 關한 研究

1. 統制와 成果의 關係

합작 사업에 있어서 통제의 중요성[39]은 합작회사의 기업 활동에 대한 감시 능력이나 조정 및 통합(coordinate and integrate) 능력에 대하여 영향을 미침으로써 자기의 목적을 달성하는 데 중요한 수단이 된다는 것이다. 통제 정도와 성과와의 관계에 대한 실증 연구의 결과는 일관된 관계를 규명할 수 없는데 이는 통제에 대한 측정 방법의 차이 및 실증 연구대상 기업(선진국 기업 및 개도국 기업) 그리고 연구 지역에서 차이를 보이기 때문이다.

첫째, 합작 사업에 있어서 어느 일방의 통제권이 강하면 강할수록 정의 관계를 보인다는 것으로서 Killing, Schaan, 이철, 박석호 등이 있다. 이는 서로 다른 기업 간의 합작 투자에서 발생될 수 있는 경영관리상의 어려움을 해결할 수 있는 효과적인 수단으로서의 통제의 역할을 강조하는 것이다. Killing[40]은 선진국 시장에서의 선진국 기업 간의 합작 사업을 대상으로 통제와 성과 사이의 관계를 규명하였다. 통제를 "합작 사업 운영에 있어서 9개 분야에 대한 각 당사자의 의사결정의 역할 정도로서 적극적 역할과 수동적 역할로" 그리고 의사결정유형은 어느 일방이 강

---

39) J. Michael Geringer and Colette A. Frayne, op. cit., p.105.
40) J. Peter Killing, op. cit., pp.22-24.

력한 지배권(통제권)을 갖는 것과 공동소유 형태 및 모기업과 완전히 독립된 형태로 운영되는 자율성이 강한 기업으로 구분하였다. 성과는 "국제합작 투자 관리자의 평가(good, poor)와 청산이나 새로운 협상을 실패의 신호로 평가"하는 두 가지 방법을 이용하였다. 실증결과는 어느 일방이 강력한 통제력을 발휘할수록 공동소유보다 높은 성과를 보이는데 이는 합작 사업 운영에 있어서 어느 일방이 강력한 통제권을 가질수록 기업운영이나 관리에 있어서 공동운영 형태보다 운영상의 효율성을 기할 수 있으며 마치 단독 기업처럼 운영될 수 있기 때문이라 하였다.

그리고 Schann[41] 역시 일방의 통제 정도가 높을수록 주관적 만족도는 높은 것으로 조사되었다. 한국 기업의 대개도국 합작 투자에 대한 이철과 Beamish[42]의 연구에서는 해외자회사에 대한 강력한 통제를 원하는 한국 기업의 특성과 더불어 한국 측의 통제가 강할수록 높은 성과를 보이는 것으로 나타났다. 박석호의 연구[43]에서도 한국 측의 통제가 강하면 강할수록 성과는 높게 나타났다.

둘째, 어느 일방의 통제 정도의 강화와 성과 사이의 부의 관계를 보인 연구 결과는 Tomlinson, Beamish, 박의범 등이 있다. 이러한 평가는 합작의 본질을 파트너와의 상호 작용관계에서 평가

---

41) Jean-Louis Schann, "Parent Control and Joint Venture Success: The Case of Mexico", Unpublished doctorial dissertation, University of Western Ontario, London, Ontario. 1983, [as] quoted in Paul W. Beamish, *Multinational Joint Ventures in Developing Countries*, (London and New York: Routledge, 1988). p.20, n.2.

42) Chol Lee and Paul W. Beamish, op. cit., p.650.

43) 박석호, "한국 기업의 해외합작 투자 행태에 관한 연구", (박사학위논문, 전남대학교, 1995), pp.83-86.

할 때 일방의 통제의 강화는 상대방으로부터의 협력을 이끌어 낼 수 없으며 탄력적인 조직운영을 어렵게 만들기 때문에 성과에 부정적일 수 있다는 것이다. Tomlinson[44]은 영국 기업들의 인도 및 파키스탄에 대한 합작 투자 분석 결과 영국 모기업들의 통제에 대한 태도가 보다 완만하면 할수록 높은 수준의 수익성(ROI)을 보인다고 하였다. Beamish[45]의 개도국 시장에서의 연구에서는 외국 기업의 통제 정도가 높으면 높을수록 기업운영상의 갈등과 문제 발생을 통하여 불만족스러운 결과를 보인다고 하였다. 또한 박의범[46]의 박사논문에서도 한국에 투자하고 있는 외국 기업과의 합작 사업에 대하여 통제 정도와 성과와의 실증 조사결과 한국 기업 측에서는 외국 파트너의 통제 정도가 높아질수록 부의 관계를 보인다고 하였다.

셋째, 통제와 성과와의 직접적인 관계가 없다는 연구도 있다. Janger[47]는 Killing의 통제 방법을 똑같이 이용하여 성과와의 관계를 조사하였으나 차이가 없는 것으로 나타났다. Yan and Gray(1995) 역시 통제 정도와 성과(목표달성 여부)와의 직접적

---

44) J. W. C. Tomlinson, "The Joint Venture Process in International Business: India and Pakistan", (*Cambridge, Mass: MIT Press.* 1970). Geringer and Hebert, op. cit(1988)., p.242. n.2. 이는 파트너 간의 책임의 공유를 강조한 것이며 현지 파트너의 참여 증대를 통하여 성과를 향상시킬 수 있다는 것이다.

45) Paul W. Beamish, *Multinational Joint Ventures in Developing Countries,* (London and New York: Routledge, 1988), p.21.

46) 박의범, 전게서, pp.142-143.

47) Allen R. Janger, "Organization of International Joint Ventures", The Conference Board, New York, [as] quoted in Paul W. Beamish, *Multinational Joint Ventures in Developing Countries,* (London and New York: Routledge, 1988), p.20, n.2.

인 관계는 규명하지 못하였으며 파트너 간의 신뢰감이나 목표일치성 등을 통한 간접 통제가 바람직하다고 하였다. 조규남도[48] 한국 기업의 합작 투자에 대한 통제와 성과 사이의 관계를 규명한 결과 어떤 유의한 결과도 규명하지 못하였다. 기존의 연구 결과를 정리하면 〈표 2-3〉과 같다.

<h3 style="text-align:center">〈표 2-3〉 국제합작 투자의 통제 및 성과 관계</h3>

연구자	실증 분야	성과측정	연구 결과	비 고
Tomlinson	영국 기업들의 인도 및 파키스탄 합작(71개)	성과를 수익성 지표로 측정	부의 관계(느슨한 태도를 보일수록 수익성은 높음)	전체 산업을 대상으로 수익성 지수만을 이용(산업특성 차이에 의해 발생할 수 있음
Killing	선진국 시장에서의 선진국 기업 간의 합작 투자(37개)	주관적인 평가와 청산이나 합작구조의 변화를 실패로 측정	어느 일방이 강력한 통제권을 가질수록 동등한 경우보다 두 개 지표 모두 성과는 높음	모기업과 독립된 기업일수록 동등 경우보다 높은 성과를 보인다는 것에 대한 명확한 근거를 제시하지 못함
Janger	개도국·선진국 대상 합작 투자	위 Killing의 성과 지표 이용	통제 형태에 관계없음. 소유 형태와 무관함	
Schann	멕시코에 대한 10개 합작 사업	주관적 만족도	통제 정도가 높을수록 성과는 높게 나타남	멕시코에 대한 10개 업체만 대상으로 함
Beamish	12개 개도국 합작을 대상	쌍방이 성공적이라고 동의하는 경우 성공적	외국 기업이 강력한 통제권을 가질수록 불만족	개도국 기업만을 대상
박의범	대한 투자 외국 기업	주관적 만족도 사용	외국합작선들의 통제가 강할수록 부의 관계	대한 투자 기업만을 대상
조규남	한국제조 기업의 해외합작 투자	담당자의 주관적 만족도 사용	통제 정도와 성과 사이의 관계 규명에 실패	표본 크기 제약(44개) 정태적 연구에 그침
이철	한국 기업의 개도국 합작 투자	최고 경영자의 주관적 만족도	한국 측이 강한 통제권을 가질수록 높은 성과	표본 수의 제약 일반화가 어려움

주: 기존 논문을 종합하여 필자가 작성. 통제에 대한 정의 및 성과에 대한 측정상의 차이점 그리고 조사대상 지역에서 차이가 있다는 것을 고려하여야 함.

---

48) 조규남, "한국 기업 해외합작 투자의 소유 지분·통제·성과에 관한 연구", (박사학위논문, 홍익대학교 1993), pp.69-70.

2. 信賴性과 成果와의 關係

파트너 간의 신뢰성을 강조하는 것은 합작의 본질을 파트너 간의 상호 작용을 통하여 형성된 유기적 조직구조로 파악하는 것이다. 이러한 관점은 합작이라는 것이 독립된 기업 간의 경영이며 이 과정에서 발생할 수 있는 기회주의적인 행위의 억제 및 조직구조의 비효율성을 극복할 수 있는 중요한 수단으로서 신뢰성의 역할을 중요시하는 것이다. 그리고 파트너 기업들 간의 공동경영 활동과 의사소통 및 접촉을 통하여 장기적으로 형성되는 신뢰성은 파트너 간의 상호 공동체적인 인식을 갖게 하며 기업이 보유하고 있는 각종 자원의 자발적인 교환을 촉진시킴으로써 성과에 직·간접적인 영향을 미치게 된다는 주장이다. 상호 신뢰성이 조직구조의 효율성 및 성과에 미치는 연구 결과들을 살펴보면 다음과 같다.

① 상호 신뢰성의 형성이 조직구조의 효율성을 향상시킴으로써 성과 향상에 도움이 된다는 연구이다. 합작에 있어서 중요한 것은 합작에 참여하는 구성원들 간의 조직 관리에 있다는 것이며 신뢰성이 독립된 기업 간의 공동경영에서 내재할 수 있는 조직운영상의 문제점과 비효율성을 개선시키는 데 커다란 역할을 한다는 것이다.

Madhok[49]에 따르면 신뢰성이라는 것은 파트너 쌍방 간의 지

---

49) Anoop Madhok, "Revisiting Multinational Firms' Tolerance for Joint Ventures: A Trust-Based Approach", *Journal of International Business Studies*, 26, No.1 (1995), pp.118-123.

속적인 의사소통을 위한 정보의 교환과 문제 해결을 위한 공동
노력과정에서 장기적으로 형성되는 것이라 하였다. 그리고 파트
너 간의 상호 작용에서 파생되는 신뢰성은 갈등을 감소시킬 수
있으며 조직 효율성을 증가시키는 데 기여하며 조직운영 과정에
서 나타나는 잠재적인 비용을 감소시켜 주고 장기적인 생존과
기업의 가치를 향상시키는 데 도움이 된다는 주장을 하였다. 또
한 신뢰성이라는 것을 소유권-통제의 계층구조적인 관계에서
발생할 수 있는 비효율성을 보완할 수 있는 대응 수단으로 인식
하는 학자들도 있다. 즉 신뢰성이라는 것이 쌍방 간의 공동목표
달성이나 신념의 공유 그리고 장기이윤추구를 위한 상호 관심사
를 통하여 계층 구조적 조직구조의 비효율성을 억제시킬 수 있
다는 것이다.[50] Beamish(1988)는 합작 기업에 있어서 신뢰성의
역할은 탄력적인 기업운영을 가능하게 하며 이는 소유권-통제
의 계층 구조적 관계에서 발생할 수 있는 비효율성을 극복할 수
있게 한다 하였다. Killing[51] 또한 신뢰성이 수립될 수 있다면 합

---

50) Ibid., pp.118-119; Preet S. Aulakh, Masaaki Kotabe and Arvind Sahay, "Trust
   and Performance in Cross-Border Marketing Partnerships: A Behavioral
   Approach", *Journal of International Business Studies*, 27, No.5(Special Issue
   1996), pp.1008-1009. 신뢰성의 형성이 계층 구조적 조직구조의 단점을 극복할
   수 있는 대안이라는 주장이다. 계층 구조적 조직 관리는 합작의 가장 어려운
   점을 "독립된 기업 간의 공동의사결정과 기업경영에서 발생하게 되는 기업운
   영상의 문제 및 갈등의 발생"이라고 판단하는 것이다. 따라서 이러한 갈등과
   문제의 해결을 위해서는 어느 일방의 강력한 통제권이 필요하며 다수 소유권
   (통제권 확보 수단임)의 확보를 통한 통제 중심적 사고를 중시하는 것이다. 그
   러나 이러한 통제 중심적 사고는 결과 지향적이며 정태적인 관점에서 성과만을
   중시하며 오히려 갈등이나 신뢰성을 저하시킴으로써 기업운영에 부정적인 영
   향을 미칠 수 있다는 주장이다. 또한 통제 중심적 사고는 합작 기업이 형성된
   뒤 발생할 수 있는 조직 관리 차원은 등한시하였다는 것이다.

작 사업 관리자에 대한 높은 자율성을 보장하며 모 회사와 독립된 자율적인 운영을 통하여 합작 사업체의 문제점이나 기회 요인에 대한 탄력적인 대응을 통하여 성과를 향상시킬 수 있다 하였다. 그리고 Ring and Van De Van은 신뢰성이라는 것이 파트너 쌍방 간의 반복된 상호 작용을 통해서 점진적으로 형성되는 것이며 파트너 쌍방이 인식하는 위험 수준의 감소에 중요한 영향을 미친다고 하였다.[52]

② 합작 사업 운영에서 발생할 수 있는 상대 파트너의 기회주의적 행위를 억제할 수 있는 효과적인 수단이 신뢰성이라는 것이다. Parkhe[53]는 게임 이론적인 관점에서 파트너 간의 신뢰성의 형성을 통하여 상대 파트너의 기회주의적인 행위의 발생가능성을 억제하게 되며 서로를 장기적인 사업파트너라는 인식을 갖게 함으로써 성과 향상 및 효율적인 기업운영에 도움이 된다고 하였다. Beamish and Bank(1987)는 장기적인 기업 이윤과 목표 달성을 위해 단기적인 자기업 혼자만의 이익추구 행위를 억제하게 하며 이것이 합작 기업의 장기적인 성과 향상에 도움이 될 수 있다 하였다. 그리고 Buckley and Casson(1988) 역시 상호 볼모적인 관점에서 개개 기업의 기회주의적인 행위의 억제가 합작 기업의 조직구조의 효율성을 향상시키는 데 크게 기여할 수

---

51) J. Peter Killing, op. cit., pp.82-86.

52) Peter S. Ring and Andrew H. Van de Van, "Structuring Cooperative Relationships Between Organizations", *Strategic Management Journal*, 13(1992), pp.483-498.

53) Arvind Parkhe, "Strategic Alliance Structuring: A Game Theoretic Transaction Cost Examination of Interfirm Cooperation", *Academy of Management Journal*, 36, No.4(1993), pp.794-829.

있다 하였다.

③ 신뢰성의 형성이 합작 기업의 성과에 직접적인 영향을 미친다는 것이다. Bleeke and Ernst[54]는 기업 간의 제휴에 있어서 중요한 것은 파트너 기업 간의 신뢰성의 형성이며 이것이 기업의 성과에 직접적인 영향을 미친다고 하였다.

그러나 신뢰성이 성과에 직접적인 영향을 못 미친 결과도 있다.[55] 즉 신뢰성의 증가가 주관적으로 평가한 시장점유율 및 시장 성장률과는 정의 관계는 보이고는 있으나 통계적 유의성은 없다는 것이다. 이러한 결과에 대해서는 성과를 주관적인 평가 지표(시장점유율에 대한 5점 척도로 평가)로 측정함으로써 나타난 것이며 다른 성과변수를 사용하였다면 영향을 미칠 수도 있다고 하였다.

국내 학자들의 연구에 있어서는 신뢰성을 고려한 연구도 있으나 이들은 신뢰성이라는 변수를 파트너 간의 상호 작용 차원에서 평가하기보다는 단순히 독립변수로서 파악하며 이들이 성과에 어떠한 영향을 미치는가를 조사하고 있는 실정이다. 즉 신뢰성이라는 것이 합작 사업의 조직특성에 영향을 미치는 것이 아니라 독립적인 변수로서 성과와 어떤 관계를 보이는가에 집중되어 있다. 이장호[56]와 박석호[57] 등이 파트너에 대한 신뢰성을 한국 측 합작 사업 담당자의 평가를 통하여 측정한 다음 신뢰성이라는 단일 변수가 성과와 정의 관계가 있다는 결론을 내리고 있다. 특히 박석호의

---

54) Joel Bleeke and David Ernst, "The Way to Win in Cross-Border Alliances", *Harvard Business Review*, (November-December 1991), pp.127-135.

55) Preet S. Aulakh, Masaaki Kotabe and Arvind Sahay, op. cit., pp.1022-1024.

56) 이장호, "해외합작 투자의 성공전략에 관한 연구", 「성곡논총」, 1989. pp.41-75.

57) 박석호, 전게서, pp.90-91.

연구에서는 현지 파트너에 대한 신뢰성 정도가 성과(주관적 만족도로 측정)에 가장 큰 영향을 미치는 것으로 조사되었다.

3. 파트너 寄與度와 成果

합작 투자란 기본적으로 상대 파트너들이 갖고 있는 여러 자원들의 상호 결합을 통하여 시너지 효과를 창조하며 이를 통하여 경쟁에서 생존하기 위한 것이라 할 수 있다. 따라서 합작 파트너들이 합작 기업의 경영 활동에 기여하는 정도는 합작 사업의 성과에 직접적인 영향을 미치게 된다. 또한 파트너 기여도의 증가는 합작 사업에 있어서 상대 파트너에 대한 신뢰성을 형성하게 하며, 갈등의 감소와 탄력적인 기업운영을 통하여 성과에 간접적인 영향도 미치게 된다.

Lane and Beamish[58]에 의하면 기여도라는 것은 합작 사업의 운영에 필요한 천연원자재나 유통채널, 근로자, 정치적 유대관계, 현지 시장에 대한 전반적인 지식 등에서 상대 파트너에 대한 필요성 혹은 욕구 정도로 정의하면서 상대방 파트너들의 기여 정도가 높으면 높을수록 그리고 이들 기여 정도가 지속적으로 유지될 때 높은 성과를 달성할 수 있다고 하였다.

Raveed and Renforth[59]는 다국적 기업의 입장에서 현지 파트

---

58) Henry W. Lane and Paul W. Beamish, "Cross-Cultural Cooperative of Joint Ventures in LDCs", *Management International Review*, 30 (Special Issue 1990), pp.94-95.

59) S. R. Raveed and W. Renforth, "State Enterprise-Multinational Corporation

너들이 현지 시장에 대한 관련 지식 습득 및 현지 경영관리자의 획득, 수용위험 감소 및 현지 정부와의 우호적인 관계 형성 등에 기여하는 정도가 높으면 높을수록 성과와 정의 관계를 보인다는 실증 조사를 발표하였다.

파트너의 기여도에 대한 정확한 평가의 시작은 Beamish의 박사학위논문(1984)에서 찾을 수 있다. 그는 합작 기업체의 좋은 성과를 유지하기 위해서는 자사가 필요로 하는 것이 무엇인가에 대한 정확하고 세부적인 평가가 전제되어야 하며 자사가 필요로 하는 자원을 가진 파트너의 선택이 좋은 성과를 결정짓는 요인이라 하였다. 이후 기여도에 대한 지속적인 연구를 통하여 Beamish (1988)는 기여도의 정도를 동태적인 과정으로 파악한 다음 상대 파트너 기여도의 변화 정도에 대한 정당한 재평가 작업이 성과 향상의 전제 조건이라는 지적을 하였다. 그는 개도국에 대한 실증 조사를 통하여 파트너의 기여도를 합작 사업 초기와 지금 현재 그리고 합작 사업 3년 후의 기여 정도를 별도로 측정하였다. Beamish의 연구 결과에서 나타난 기여도 항목들의 세부 내용들에 대한 실증결과는 〈표 2-4〉와 같다.

Robinson[60] 역시 합작이라는 것을 동태적 과정으로 인식하면서 합작 사업의 시간 경과에 따른 상대방의 지속적인 기여도가 사업의 계속성에 중요한 영향을 미친다는 결론을 내렸다.

Joint Ventures: How Well Do They Meet Both Partners' Needs?" *Management International Review*, 23, No.1(1983), pp.47-57.

60) Richard D. Robinson, "Ownership Across National Frontiers", *Industrial Management Review*, (Fall 1969), pp.41-65.

〈표 2-4〉 Beamish의 파트너 기여도 항목

구분 기준 / 성과 지표	다국적 기업에 대한 현지 파트너의 기여도		현지 합작선에 대한 기여
	양호한 성과	불량한 성과	
1. 장기적으로 중요한 기여도(필요성): 중요성이 점진적으로 증가하거나 꾸준히 중요한 항목	○ 현지의 기업 관행에 관한 지식 제공 ○ 일반관리자 확보 ○ 현지국의 정치, 경제, 문화에 관한 일반 지식습득 ○ 마케팅, 생산, 재무 등의 기능관리자 제공		○ 현지 생산 제품의 외국 시장에 대한 수출 기회의 증가
2. 단기적으로 중요한 기여도(필요성): 중요성이 계속 감소되는 항목	○ 정부 관료나 정치권과의 유기적인 관계 형성에의 기여도 ○ 정치권의 개입 가능성 감소 및 회피	○ 정치권 개입 가능성 감소 및 회피 ○ 현지 소유나 수입 대체에 대한 정부 요구의 충족	○ 천연 원료 공급 ○ 기술 및 설비
3. 중요하지 않은 기여도(필요성): 계속적으로 중요하지 않다고 지적된 항목들	○ 저임 노동력 확보 ○ 천연 원료 공급 ○ 기술과 설비(장비) 제공	○ 저임 노동력 확보 ○ 천연 원료 공급 ○ 기술 및 설비 ○ 마케팅, 생산, 재무 등의 기능관리자 ○ 해외 생산 제품의 현지 시장판매 증가에 기여 ○ 현지 생산제품의 외국 시장에 대한 수출 기회 증가	○ 단독 소유 자회사보다 현지 시장접근의 신속성 ○ 정부 관료나 정치권과의 유기적 관계 형성 ○ 저임 노동력 확보 ○ 외국 시장에 대한 경제, 정치, 관습(문화)에 관한 지식 습득

국내 학자들의 연구 결과는 학자에 따라 상이한 결과를 보이고 있다. 먼저 정의 관계를 보이는 학자로는 박의범(1988) 및 이철과 Beamish(1995), 곽무섭[61) 등이 있다. 그러나 파트너의 기

---

61) 곽무섭, "한국 기업의 국제합작 투자 성과분석에 관한 연구", (박사학위논문, 동국대학교, 1991), pp.109-110. 파트너 기여도 중에서 중요한 항목은 신속한 시장진입, 현지국의 정치적 이점 활용, 현지국의 정치·문화·사업 관행에 관한 지식 등이었다.

여도와 성과 사이의 어떠한 상관관계를 규명하지 못한 연구 결과도 있다. 이철의 연구[62]와 임장식의 연구[63]에서는 기여도와 성과와는 아무런 관계가 없다는 결론을 내리고 있다.

4. 葛藤과 成果와의 關係

파트너 간의 갈등의 존재는 공동경영이라는 합작의 본질과 위배되는 것이다. 특히 국제합작 투자에 있어서는 문화적 차이로 인한 갈등의 존재는 파트너 간의 공정한 정보의 교환 및 합작 사업의 목표달성에 부정적인 영향을 미치게 된다는 지적이다.

합작 투자 성과 결정 요인에 관한 기존 연구들에서 가장 일관된 결과를 보이는 것이 갈등과 성과와의 관계로서 거의 대부분이 부의 영향을 증명하고 있다. 즉 국제합작 투자에 있어서 파트너 간의 문화 차이로 인한 갈등의 존재가 성과에 직접적으로 부정적인 영향을 미친다는 것이다. 그리고 갈등의 발생으로 인한 파트너 간의 신뢰성의 악화나 자원의 공정한 교환이라는 기본 규범 등을 악화시키는 간접적인 효과 등이 성과에 부정적인 영향을 미친다는 것이다.

첫째, 국제합작 투자에 있어서 파트너 간의 문화적 차이로 인한 갈등의 존재가 기업의 성과에 직접적인 영향을 미친다는 것

---

62) 이철, "우리나라 해외합작 투자 기업의 특성 및 경영성과에 관한 연구", 「국제 경영연구」, 2 (1991. 5), pp.61-63.

63) 임장식, "국제합작 투자 기업의 성공 요인에 관한 연구", (석사학위논문, 서강대학교, 1995), pp.63-65.

이다. Kogut[64]은 개도국 시장에 진출할 경우 파트너들 간의 공통된 목표나 관심사가 있다 하더라도 기본적으로 파트너들 간의 라이벌 의식의 존재로 인해 많은 문제점이 발생한다. 그중에서도 특히 문화 차이로 인한 갈등의 존재는 합작 사업의 안정성에 궁극적으로 위협 요인이 된다고 하였다. Parkhe[65] 역시 파트너 간의 문화 차이와 이로 인한 갈등의 존재가 정보의 교환을 억제하고 지식이나 학습 목적에 장애가 된다고 하였다.

그러나 지식의 습득이라는 성과 차원에서는 어느 일방이 지배적인 통제권을 갖는 경우에는 갈등이 별 영향을 미치지 않으며 오히려 공동소유 형태일 경우 성과에 부정적인 영향을 미친다는 연구 결과[66]도 있는데 이에 대해서는 실증 연구의 보완을 통한 새로운 평가가 필요하다.

둘째, 합작 파트너 간의 갈등의 존재는 합작 기업의 조직구조에 영향을 미치게 되며 이는 곧 합작 기업의 성과에 부정적인 영향을 미친다는 것이다. Lane and Beamish(1990)와 Buckley and Casson[67]은 갈등의 존재는 합작 사업의 지속에 필요한 상호

---

64) Bruce Kogut, "Joint Ventures: Theoretical and Empirical Perspectives", *Strategic Management Journal*, 9 (1988), pp.319-332.

65) Arvind Parkhe, "Partner Nationality and the Structure-Performance Relationships in Strategic Alliances", *Organization Science*, 4 (1993), pp.301-314.

66) Marjorie A. Lyles and Jane E. Salk, "Knowledge Acquisition from Foreign Parents in International Joint Ventures: An Empirical Examination in the Hungarian Context", *Journal of International Business Studies*, 27, No.5 (Special Issue 1996), pp.877-903.

67) Peter J. Buckley and Mark Casson, "A Theory of Cooperation in International Business", in *Cooperative Strategies in International Business*, eds. F. J. Contractor and Peter Lorange, (Lexington, Mass: Lexington Books, 1988), pp.31-53.

신뢰성과 각자가 소유한 자산을 공정하게 교환한다는 합작 규범의 개발을 억제하게 되며 이는 기업 실패로 이어질 수 있다 하였다. 또한 합작 사업 결과 적절한 경제적 성과가 보장되었다 하더라도, 합작 파트너 간 갈등 관계가 존재한다면 이는 결국 만족스러운 평가를 불가능하게 함으로써 성과에 부정적인 영향을 미친다는 것이다.[68] 그리고 합작 파트너 간의 갈등은 조직운영상의 신뢰성을 잠식하게 하게 하며 이는 곧 기회주의적인 행위의 발생 가능성을 높이며, 상대방들로 하여금 합작 기업운영에 필요한 자원을 투입하려는 의지를 감소시킴으로써 조직의 비효율성을 가져온다는 결과도 있다.[69]

결국 독립된 두 개 기업 간의 공동 사업 형태인 합작은 기본적으로 파트너 기업들 간의 기업 문화의 차이나 운영 방식 및 의사결정방식의 차이 등으로 인한 내재적인 갈등 요인이 존재하게 된다. 특히 국적이 다른 외국 기업 간의 합작에서는 문화 차이나 기업운영 목표의 상이성 등으로 인한 파트너 간의 갈등 요인이 더욱더 크다고 할 수 있다. 그리고 이와 같은 갈등의 존재는 파트너 간의 협력 분위기의 상실, 상호 신뢰성의 감소 및 기회주의적인 행동의 유발 등으로 인하여 합작 사업의 성과에 부정적인 영향을 미치게 된다.

---

68) James C. Anderson and James A. Narus, "A Model of Distributor Firm and Manufacturer Firm Working Partnerships", *Journal of Marketing*, (January 1990), pp.42-58; Dwyer, F. Robert, "Satisfaction in Distribution Channels: Laboratory Insights", *Journal of Retailing*, 56, No.2(1982), pp.45-65.

69) Paul W. Beamish and John C. Banks, "Equity Joint Ventures and The Theory of The Multinational Enterprise", *Journal of International Business Studies*, 18, No.2(Summer 1987), pp.1-16.

5. 組織特性變數들 間의 相互作用關係에 關한 研究

1) 상호 신뢰성의 역할

합작 사업에 있어서 파트너 간의 상호 신뢰성을 중시하는 것은 합작 기업의 조직운영상에 발생할 수 있는 문제점들을 해결할 수 있는 효율적인 수단으로서의 역할을 강조하는 것이다. 즉 파트너 간의 장기적인 상호 작용(의사소통, 공동경영과정 등)을 통하여 형성된 신뢰성이 합작 기업의 조직구조(통제 및 갈등 등)에 영향을 미칠 수 있으며 신뢰성을 바탕으로 한 탄력적인 조직구조의 형성이 합작 사업의 조직구조의 효율성 증가와 사업 운영에 커다란 영향을 미친다는 것이다. 이와 같이 파트너 간의 신뢰성의 역할을 강조하는 것을 Madhok[70]은 신뢰성 중심 접근법(Trust centered approach)이라 하면서 기존의 소유권-통제를 바탕으로 하는 계층 구조적인 조직의 중요성은 점점 더 줄어들고 있다고 하였다.

신뢰성이 조직구조에 미치는 영향을 조사한 연구 결과들은 다음과 같다.

첫째, 신뢰성의 형성이 파트너 간의 갈등의 감소를 가져올 수 있다는 것이다. Madhok(1995)이나 Beamish and Bank[71] 등은 파트너 간의 장기적인 상호 작용을 통하여 형성된 신뢰성이 독립된 기업 간의 운영방식 및 기업 내와 국가 간 문화 차이 등으

---

70) Anoop Madhok, op. cit., pp.117-137.
71) Paul W. Beamish and John C. Banks, op. cit., pp.1-16.

로 인한 갈등을 효과적으로 줄일 수 있다고 하였다.

둘째, 상호 신뢰성이 조직구성원 간의 유기체적인 조직구조를 형성하는 데 전제 조건이 된다는 것이다. Madhok(1995)은 신뢰성의 형성이 파트너에 대한 인내심의 양성과 상호 호혜성의 형성 등을 통하여 유기체적인 조직구조로 인식하게 함으로써 조직구조의 효율성이 증대될 수 있다고 하였다. Parkhe[72] 역시 신뢰성의 형성이 기업의 목표달성을 위한 사업파트너라는 인식을 가져오게 함으로써 파트너와의 상호 작용을 중요시하게 하며 이는 다시 조직구조의 탄력적인 조정이 가능하게 한다는 것이다.

셋째, 신뢰성이 통제의 중요성을 감소시키고 일방으로 하여금 소수 지분을 선택하거나 통제 정도를 완화시킬 수 있다는 것이다. Beamish는 그의 박사학위논문에서 파트너 간의 상호 신뢰성은 어느 일방으로 하여금 소수 지분을 통한 통제 정도를 기꺼이 양보하게 할 수 있다는 것이다. Killing[73] 역시 파트너 간의 신뢰성이 파트너에 대한 조직운영상의 탄력성을 보장하게 하며 이는 다시 통제 정도에 부의 영향을 미칠 수 있다는 주장을 하고 있다.

2) 기여도의 역할

Lane and Beamish[74]에 따르면 상대 파트너의 높은 기여도는

---

72) Arvind Parkhe, "Strategic Alliance Structuring: A Game Theoretic Transaction Cost Examination of Interfirm Cooperation", *Academy of Management Journal*, 36, No.4(1993), pp.794-829.

73) J. Peter Killing, op. cit., pp.22-24.

54

합작 사업의 지속성에 가장 큰 영향을 미치며(특히 개도국) 파트너 간의 신뢰성을 형성할 수 있게 하며, 정보의 공유와 상호 협력적인 조직구조의 형성을 통하여 통제의 중요성을 감소시킬 수 있다 하였다. 그리고 상대 파트너의 기여도의 증가는 다음과 같은 간접효과를 가져올 수 있다는 것이다. ① 파트너의 기여도의 증가는 파트너에 대한 신뢰성을 형성할 수 있게 한다. ② 상호 협력적인 조직구조 형성을 통한 탄력적인 조직구조를 갖게 함으로써 통제의 중요성을 감소시킬 수 있게 하며 이는 파트너에 대한 신뢰성 증가와 더불어 자사의 통제 정도를 약화시킬 수 있게 한다. ③ 기여도의 증가 역시 상대방에 대한 신뢰성 증가와 더불어 합작 파트너에 대한 갈등을 감소시킬 수 있다는 것이다. 또한 파트너의 높은 자원 기여도(주로 보완적인 자산임) 역시 상대 파트너에 대한 필요성을 증가시키며 이는 다시 파트너 간의 신뢰성을 향상시킬 수 있다 하였다.[75] 박의범의 연구에서도 외국 파트너의 지속적인 기여도가 한국 측과의 신뢰성 구축에 커다란 역할을 한다고 하였다.[76]

3) 통제의 역할

계층구조적인 관점에서 합작 파트너에 대한 소유권이나 기타

---

74) Henry W. Lane and Paul W. Beamish, op. cit., pp.99-100.

75) Jean L. Johnson, John B. Cullen, Tomoaki Sakano and Hideyuki Takenouchi, "Setting the Stage for Trust and Strategic Integration in Japanese-U. S Cooperative Alliances", *Journal of International Business Studies*, 27, No.5 (Special Issue 1996), p.987.

76) 박의범, 전게서, p.145.

통제 수단을 통한 어느 일방의 통제의 강화는 파트너와의 갈등을 악화시키게 되며 파트너 간의 갈등 문제를 해결할 수 있는 방법들을 배제하게 된다는 것이다.[77]

그리고 최근에 강조되고 있는 조직 특성변수들 간의 상호 작용을 고려한 문헌들과 인적 자원 관리를 중요시하는 연구의 초점은 다음과 같다. 합작이라는 것은 파트너 상호간의 상호 작용을 통해서 형성되는 조직이며 공동경영이라는 관점에서 볼 때 소유권을 중심으로 하는 일방의 통제권의 강화는 갈등을 증대시킬 수 있는 가능성을 높게 만든다는 지적들이다.

第4節 合作投資理論

합작 투자이론들은 크게 거래비용관점과 조직학습관점으로 구분할 수 있다. 거래비용관점은 신뢰성을 전제로 하고 있다. 파트너 간의 신뢰성의 존재는 합작에 내재될 수 있는 상대 파트너의 기회주의적인 행위의 억제를 가능하게 하며 시장거래에서 발생하는 거래비용을 줄이는 데 효율적인 수단이 될 수 있다는 것이다. 그리고 조직학습관점은 기업이 목표로 하는 것이 지식이나 기업체 내에 체화되어 있는 무형의 자산들인 경우 이를 흡수할 수 있는 가장 효율적인 수단이 상대 파트너와의 상호 작용과 공동경영 활동을 할 수 있는 합작이라는 것이다. 이들 이론들은 결

---

77) Anoop Madhok, op. cit., p.118. Stopford and Wells는 소유권을 통한 통제의 강화를 Unambiguous Control이라고 지칭하였다.

국 합작이라는 것을 합작 사업에 참여하는 파트너 간의 상호 작용에서 찾고자 하는 것이며 파트너 간의 상호 작용을 통한 신뢰성의 형성이나 공동경영과정에서의 직접 접촉을 통하여 기업의 목적이나 성과를 효율적으로 성취할 수 있다는 주장이다.

1. 去來費用觀點에 따른 合作投資選擇

거래비용관점에 있어서 합작의 선택은 합작에 내재되어 있는 여러 문제점으로 인한 비용 요인보다 편익이 높아야 하며 기업이 목적으로 하는 자산을 습득할 수 있는 최선의 대안이기 때문이다. 이하에서는 거래비용이론의 개요를 살펴보고 이후 합작 투자를 거래비용관점에서 어떻게 설명할 수 있는가를 살펴보기로 한다.

1) 거래비용이론

거래비용이론은 Williamson[78]에 의해 주장된 것으로 독립된 기업 간의 거래에는 정보, 강제, 협상 등의 거래 활동에 수반되는 비용이 발생하게 된다는 것이다. 그리고 이와 같은 거래비용이 발생하게 되는 이유는 시장거래에서 발생하게 되는 다음과 같은 환경 요인들이 시장거래를 어렵게 만들기 때문이라 하였다.

첫째, 거래에 참여하는 관리자들의 인간적인 속성으로서 제한된

---

78) Oliver E. Williamson, *Markets and Hierarchies: Analysis and Antitrust Implications*, (New York: Free Press, 1975), pp.20-40.

합리성과 이들의 기회주의적인 행동이 있다. 제한된 합리성은 결정을 내리는 인간의 속성으로서 제한된 정보와 개인의 편견 등에 의한 합리적인 의사 결정의 어려움을 말한다. 기회주의적인 행위는 기본적으로 자기만의 이익을 추구하는 각종 노력 이외에도 속임수나 기만적인 행위를 통해서 자기 이익을 극대화하려는 노력을 말한다.

둘째, 거래 활동에 병행되는 환경 요인들이다. 현실 시장거래에서 발생할 수 있는 모든 환경을 기업 혼자서 통제하기 어려운 불확실성과 복잡성의 문제, 그리고 잠재적인 거래 대상업자 수가 제한됨으로 인해서 발생하게 되는 소수 기업의 문제가 있다. 또한 거래 대상업자들이 가지고 있는 정보가 어느 하나의 기업에게만 집중될 때 발생하는 정보밀집성 등이 발생한다.

셋째, 거래 대상 자산의 특수성이다. 즉 필요로 하는 자산이 특정 기업에게만 필요로 하거나 일단 투자가 이루어진 다음에는 그 기업에게만 한정되는 경우이다.

이와 같은 제반 환경 요인들의 경우 하나하나가 독립적으로 영향을 미칠 뿐 아니라 상호 복합적인 작용 요인 즉 시장불안정성과 제한된 합리성 그리고 소수 기업문제와 기회주의 행위 등의 결합된 현실 환경 등이 시장거래를 더욱 어렵게 만들며 이것이 곧 거래비용을 높이는 결과를 가져오게 된다. 따라서 기업은 거래비용의 감소를 위한 노력을 하게 되며 Williamson의 거래비용 관점에서는 시장 불안정을 가져오는 환경 요인을 감소시키기 위한 방안으로 100% 독립자회사(Wholly owned subsidiary)의 설립만이 가능하게 된다는 것이다.

2) 거래비용관점에 따른 합작의 선택

외국 기업 간 합작은 본질적으로 내생적인 문제점(파트너의 기회주의적인 행위의 가능성 및 갈등으로 인한 비효율성, 자사 우위요소의 누출 위험)과 많은 거래비용들이 발생하게 된다. 그럼에도 불구하고 합작을 선택하게 되는 것은 파트너 간의 공동운명체라는 인식을 하게 만드는 전제 조건(상호 신뢰성의 수립 및 상호 볼모적 입장의 견지)들이 성립되어야 하며 파트너 간의 공동운명체라는 인식을 통한 각종 효과들이 합작 사업의 탄력적인 운영과 높은 이익을 보장할 수 있어야 한다. 그리고 자사가 목표로 하는 어떤 자산을 습득할 수 있는 최선의 대안이기에 여러 비용에도 불구하고 합작을 선택한다는 것이다.

첫째, 합작 파트너와의 사업에서 발생할 수 있는 상대 파트너의 기회주의 행위의 가능성과 소수 기업문제, 자산의 특수성 등에 의한 문제는 파트너 간의 신뢰성을 통하여 가장 효과적으로 처리할 수 있어야 한다. 그리고 합작의 선택은 신뢰감이 형성되었다는 가정하에서 편익이 비용보다 높을 때 가능하다는 것이다.[79] 합작의 편익은 파트너 간의 자산의 결합을 통한 시너지 효과의 창출이 가능하다는 것과 지식이라는 자산의 습득에 필요한 막대한 비용과 시간을 절약할 수 있는 방법이라는 지적을 하고 있다. 비용 요인으로는 ① 계약서의 작성, 집행, 강제 비용 등이 발생한다. ② 합작을 통한 갈등 요인(이윤목표에 대한 상충 등)이 존재한다. ③

---

79) Paul W. Beamish and John C. Banks, op. cit., pp.1-16.

기업이 보유하고 있는 독점적 전유 지식의 유출 위험이다.[80]

　이들의 주장에서 중요한 것은 파트너 간의 신뢰감을 전제로 하는 조직구조를 형성할 수 있어야만 한다는 것이다. 그리고 신뢰감은 다음과 같은 역할을 통하여 합작의 편익을 더욱더 크게 할 수 있다. ① 파트너에 대한 인내심을 갖게 하며 조직 간 연계 체제의 강화를 통하여 자기이익추구적인 행위의 원천 봉쇄 및 갈등의 감소, 파트너 간의 기회주의 행위의 발생 가능성을 억제할 수 있다. ② 합작 사업이 시작됨으로써 발생하게 되는 파트너의 소수 기업[81] 위치의 확보로 인한 이익극대화의 행위를 억제할 수 있는 작용도 할 수 있다. ③ 정보를 보유한 파트너 기업들 간의 정보의 독점화 노력을 사전에 봉쇄함으로써 정보의 집합이나 공유를 통한 시너지 효과를 발생하게 하며 이는 다시 불확실성의 문제를 해결할 수 있게 한다. 결국 독점적 우위요소를 보유하고 있는 기업들이 합작에 참여하게 되며 파트너 간의 상호 신뢰성의 형성을 통하여 시장거래를 어렵게 만드는 요인들을 억제할 수 있으며 파트너 간의 자원 결합을 통한 시너지 효과가 발생하여야 한다는 지적이다.

　둘째, 합작의 선택은 중간재(지식, 원자재, 부품, 유통 채널, 자본 시장) 시장의 실패로 인한 높은 거래비용[82]을 줄이기 위한 것이며 이들 중간재의 습득 과정에서 발생되는 비용보다 편익이 많

---

80) 전유 지식의 유출은 합작회사에 고용된 직원이 회사를 그만두고 이 지식을 활용하거나, 지식·습득 후 현지에서 계속 사용하는 경우에 가능하다.

81) 합작에 있어서 소수 기업의 문제는 일단 파트너를 선택하게 되면, 이들 기업들은 선택되지 않은 기업에 비하여 비용상의 우위를 가지게 됨으로써 발생될 수 있는 문제점들을 지칭한다.

82) Jean-Francois Hennart, "A Transaction Costs Theory of Equity Joint Ventures", *Strategic Management Journal*, 9 (1988), pp.361-374.

을 때 가능하다는 것이다.[83] 합작의 편익으로는 중간재의 습득이나 신규 창출에 필요한 시간 및 비용절감이 가능하다는 것이며 비용으로는 파트너 간의 갈등으로 인한 비효율성과 중간재 시장의 실패로 인한 비효율성 및 높은 거래비용이 존재한다는 것이다.

셋째, 합작 사업에 있어서 파트너와의 상호 작용을 통한 시너지 효과의 창출이 가능하여야 하며 합작의 선택이 인수나 신설 그리고 장기계약에 비하여 비용을 최소화할 수 있는 수단이기 때문에 합작을 선택하게 된다는 것이다.[84] 합작의 전제 조건으로는 파트너 간의 상호 볼모적(mutual hostage) 인식이 성립되어야 한다는 것이다. 이와 같은 인식이 전제되어야만 각 파트너가 보유하고 있는 정보의 원활한 교환 및 흐름과 기술 및 성과의 공유 등을 가능하게 할 수 있으며 시장 상황의 변화에 따라서 파트너 간의 상호 작용을 통한 탄력적인 조정이 가능할 수 있는 효과적인 대안이라는 지적이다. 예를 들어 합작이 장기계약보다 나은 조건이 될 수 있는 것은 자원의 공동 투입과 공동경영 활동을 통하여 합작 쌍방이 서로를 상호 볼모적인 입장으로 인식하기 때문이라는 것이다. 특히 성과의 평가나 이익 분배에 있어서는 장기계약의 경우 사전에 어떤 규정이 반드시 요구되나 초기에 이런 모든 사항을 명시하는 것이 어렵다. 이에 비해 합작은 성과의 발생에 대한 감시 역할이 가능하며, 상황에 따른 조정 역할을 쉽게 할 수 있으며, 수익의

---

83) Jean-Francois Hennart, "The Transaction Costs Theory of Joint Ventures: An Empirical Study of Japanese Subsidiaries in the United States", *Management Science*, 37 (April 1991), pp.484-486.

84) Bruce Kogut, "Joint Ventures: Theoretical and Empirical Perspectives", *Strategic Managements Journal*, 9 (1988), pp.320-321.

배분과 비용의 분담에 있어서도 파트너 간의 조정을 통한 효과적인 배분이 가능하다. 그리고 합작의 대안으로 기업을 인수할 수 있는데 기업 인수 역시 연관성이 없는 활동체들을 관리하는 비경제적 비용과 사업을 철수할 경우 입게 되는 과다한 철수 비용이 존재할 수 있기에 차선책이라는 것이다.

2. 組織學習觀點

지식이라는 자산의 특성을 Polanyi는 묵시적인 지식(Tacit Knowledge)[85]으로 Badaracco 2세는 체화된 지식(embedded knowledge)[86]으로 표현하였지만 그 궁극적인 특성은 해당 조직체가 장기적으로 축적한 지식으로서 조직구성원들에게 내재되어 있다는 것이다. 또한 지식은 거래 상대방들도 정확한 실체를 파악하기 어렵다는 특성을 고려할 때 가장 바람직한 방법은 직접 경영에 참가하여 지식이라는 실체를 경험하고 조직구성원 간의 상호 작용을 통하여 지식을 습득하는 것이 중요하다는 지적이

---

85) M. Polanyi, "Personal Knowledge: Towards a Postcritical Philosophy", (Chicago IL: University of Chicago Press, 1958), [as] quoted in J-F Hennart, "A Transaction Costs Theory of Equity Joint Ventures", *Strategic Management Journal*, 9, (1988), pp.365-367, n.2. 묵시적 지식은 그것을 소유하고 있는 개인 내에 체화된 것으로 라이슨싱이나 장기계약 형태에 의해서는 이전이 비효율적이며 지식을 소유한 개인의 역할이 가장 중요하다 하였다.

86) Joseph L. Badaracco, Jr, *The Knowledge Link*, (Boston, Massachusetts: Havard Business School Press, 1991), pp.79-105. 체화된 지식을 가장 효율적으로 얻기 위한 방법이 기업 간 공동경영 활동이 가능한 전략적 제휴라는 것이다.

다.[87] 지식이라는 자산의 이전에 있어서 합작의 대안은 라이슨싱과 장기공급계약 등을 통하는 방법이 있다. 이들 중 라이슨싱에 의한 방법은 조직체 내에 내재되어 있는 지식의 특성을 고려할 때 가장 효과적인 방법은 아니다. 그리고 공급계약이 비록 합작에 비하여 낮은 거래비용이나 생산비용이 적게 든다 하더라도 지식이라는 체화된 자산을 효과적으로 습득하는 데는 부적합한 수단이라는 것이다. 따라서 조직체 내에 체화된 지식의 습득을 위한 합작의 선택이 비록 다른 대안들에 비하여 비용이나 거래비용이 높더라도 합작을 통해서 얻게 되는 자산들의 잠재적인 가능성을 고려한다면 현재의 비용 손실에도 불구하고 합작이 최선책이 될 수 있다는 것이다.

---

87) Bruce Kogut, op. cit., p.323.

第3章 假說 設定 및 研究調査方法

第1節 假設 設定

1. 槪念的 模型

본 연구는 국제합작 투자의 조직 특성변수들(신뢰도·통제·갈등)과 합작 상대방의 기업 특성변수인 기여도 그리고 모기업 특성변수(국제화 경험 및 연구개발비 비중)들이 성과에 미치는 영향을 규명하는 데 있다.

제2장에서 살펴보았듯이 조직 특성변수들 및 상대 파트너의 기여도는 합작 기업의 성과에 직·간접적으로 많은 영향을 미치게 된다.

첫째, 합작 기업에 대한 어느 일방의 통제권의 강화는 합작 기업운영에 있어서 단독 기업처럼 운영될 수 있으며 공동운영에서 발생할 수 있는 비효율성을 극복할 수 있는 수단을 어느 일방의 통제권의 강화에서 찾고자 하는 것이다.

둘째, 파트너 간의 신뢰성의 형성이 조직 특성변수들 간의 직·간접적인 영향을 통하여 성과에 정의 영향을 미칠 수 있다는 것이다.[1] 파트너 간의 신뢰성이 형성된다면 상대방과의 공동

---

1) Anoop Madhok, "Revisiting Multinational Firms' Tolerance for Joint Ventures: A Trust-Based Approach", *Journal of International Business Studies*, 26, No.1

기업운영 과정에서 탄력적인 조직운영을 가능하게하며 파트너 간의 갈등의 감소나 기회주의적인 행위의 억제를 통하여 조직구조의 효율성 증가 및 성과 향상에 기여할 수 있다는 것이다.

셋째, 합작 파트너 간의 갈등의 존재는 구성원 간의 공동자원 투입과 공동경영을 통한 시너지 효과를 강조하는 입장에서 평가할 때 성과에 부정적인 영향을 미친다는 것이다. 특히 국제 합작에 있어서는 파트너 간의 문화 차이 및 기업운영방식의 차이 등이 합작 기업의 조직 효율성을 저해할 수 있을 뿐 아니라 구성원 간의 협력 분위기의 악화 등을 통하여 성과에 부정적일 수 있다는 것이다.

넷째, 합작에 참여한 상대 파트너 기업 특성변수로서 파트너의 기여도를 선정하였다. 상대방이 합작 사업에 공헌하는 기여도의 정도는 파트너에 대한 필요성을 증가시키게 되며, 부족한 자원의 결합을 통한 시너지 효과를 추구한다는 합작의 목적과 일치되기에 성과 향상에 정의 영향을 미치게 된다는 것이다.

마지막으로 한국 측 기업 특성변수들로서 한국 모기업의 국제화 경험과 매출액 대비 연구개발비 비중을 이용하였다. 이들 변수들은 합작 기업의 독점적 우위요소로서 성과 향상에 기여할 수 있다.

합작 기업의 조직 특성변수들과 외국 파트너 특성 그리고 한국 측 모기업 특성변수(독립변수들임)와 성과(종속변수로서 만족도와 수익성, 성장성을 이용)와의 관계를 제시하면 〈그림 3-1〉과 같다.

(1995), p.118; Preet S. Aulakh, Masaaki Kotabe and Arvind Sahay, "Trust and Performance in Cross-Border Marketing Partnership: A Behavioral Approach", *Journal of International Business Studies,* 27, No.5(Special Issue 1996), pp.1006-1007.

〈그림 3-1〉 합작 기업의 성과 결정에 관한 개념적 모형

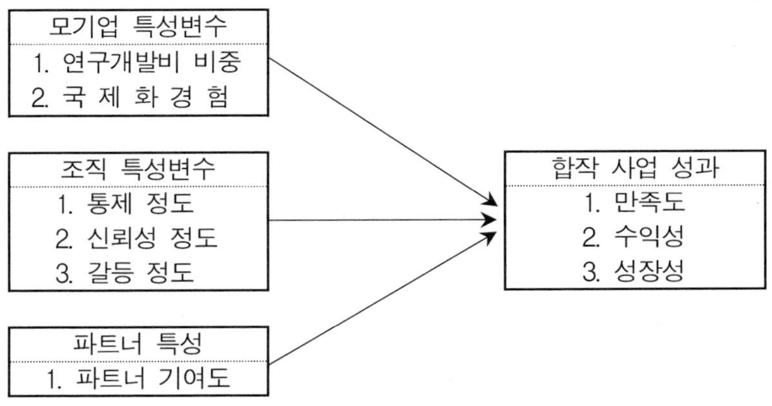

2. 假說 設定

1) 합작 기업의 조직특성과 관련된 가설

(1) 통제 정도와 성과와의 관계

가설 1: 합작 기업에 대한 한국 기업의 통제 정도가 강할수록 성과는
　　　　높을 것이다.
　　　1.1 통제 정도가 강할수록 주관적 만족도는 높을 것이다.
　　　1.2 통제 정도가 강할수록 수익성은 높을 것이다.
　　　1.3 통제 정도가 강할수록 성장성은 높을 것이다.

합작 사업에 있어서 통제의 중요성은 합작회사의 여러 사업조직
체들의 활동에 대한 감시 능력이나 조정 및 통합(coordinate and

integrate) 능력에 대하여 영향을 미침으로써 자기의 목적을 달성하는 데 중요한 수단이 된다는 것이다. 통제와 성과 사이의 정의 관계 즉, 합작 파트너 중 어느 일방의 통제 정도가 높을수록 성과가 높게 나타난 학자들은 Killing, Schann, 이철, 박석호 등이 있다.

Killing(1983)은 선진국 시장에서의 선진국 기업 간의 합작 사업을 대상으로 통제와 성과 사이의 관계를 규명한 결과 어느 일방이 강력한 통제력을 발휘할수록 공동소유 형태보다 높은 성과를 보인다고 결론지었다. 그리고 멕시코에 합작 투자한 기업을 조사한 Schann(1983) 역시 정의 관계를 보이는 것으로 나타났다. 이철(1991)은 한국 기업들은 일반적으로 해외자회사에 대한 강력한 통제를 원하기에 통제가 강하면 강할수록 높은 성과를 보인다고 하였다. 박석호(1995)도 역시 통제 정도가 높을수록 성과는 높은 것으로 조사되었다.

이와는 달리 통제와 성과 사이의 부의 관계를 보인 학자들은 조규남, Beamish, Tomlinson 등이 있다. Tomlinson(1970)은 영국 기업들의 인도 및 파키스탄에 대한 실증결과 영국 모기업들의 통제에 대한 태도가 보다 완만하면 할수록(a more relaxed attitude) 성과는 높다고 하였다. 그리고 Beamish의 개도국 시장에 대한 실증조사(1988)에서도 다국적 기업의 통제 정도가 높으면 높을수록 불만족스러운 결과를 보인 것으로 조사되었다. 박의범(1988) 역시 한국에 투자하고 있는 외국 기업과의 합작 사업에 대한 실증결과 부의 관계를 보인다고 하였다.

이와 같이 기존 연구들을 살펴보면, 통제 정도와 성과와의 관계에 대한 명확한 결론은 없다. 왜냐하면 연구자에 따라서 통제 및 성과의 측정방법이 상이하며 연구 표본의 차이와 연구 시기의 차이가 있기 때문이다.

본 연구에서는 어느 일방이 강력한 통제권을 행사할 수 있는 경우 높은 성과를 보일 것이라는 가설을 설정한다. 이러한 가설은 한국 기업들의 통제에 대한 강한 애착과 더불어 합작 기업의 목표 설정이나 마케팅, 생산 등의 분야에서 체계적인 운영이 가능하기에 보다 나은 성과를 가져올 수 있다고 판단하기 때문이다. 또한 합작 사업에 있어서 한국 기업 관점의 성과를 측정한다는 것을 고려한다면 상대방의 통제의 강화보다는 한국 측의 통제의 강화가 만족도를 높게 할 것이기 때문이다.

(2) 신뢰성 정도와 성과와의 관계

가설 2: 합작 파트너에 대한 신뢰성이 높을수록 성과는 높을 것이다.

   2.1 파트너에 대한 신뢰성이 높을수록 주관적 만족도는 높을 것이다.

   2.2 파트너에 대한 신뢰성이 높을수록 수익성은 높을 것이다.

   2.3 파트너에 대한 신뢰성이 높을수록 성장성은 높을 것이다.

합작 사업에 있어서 상대방 파트너에 대한 신뢰성을 중시하는 것은 합작 사업체를 사업 구성원의 상호 작용이라는 점에서 인적 자원의 협조 및 공동 역할을 강조하기 때문이다. 그리고 파트너 간의 상호 신뢰성은 각자의 행동에 있어서 기회주의적인 행위의 자발적인 억제 작용 및 공동이익추구를 위한 자기희생적인 역할도 가능하게 함으로써 합작 사업의 성공에 결정적인 역할을 하게 한다.

신뢰성과 성과와의 관계에 대한 기존 논문들 대부분은 이들 사이의 정의 관계를 입증하고 있다. Beamish는 그의 박사논문에서 합작 기업의 운영 및 성과에 있어서 가장 중요한 것은 합작 파트너 간의 상호 신뢰성이며, 이들 신뢰성이 합작 사업의 탄력성 부여를 통하여 성과에 정의 강력한 영향을 미친다고 하였다. 그리고 Ring and Van de Van(1992)은 신뢰성이란 "쌍방 파트너 간의 반복된 상호 작용을 통해서 점진적으로 형성되는 것으로 그들이 인식하는 위험 수준의 감소에 중요한 영향을 미친다."고 하였다. Madhok(1995)도 조직에 있어서 상대방과의 신뢰성은 조직 효율성을 증가시키는 데 기여하며 상호 신뢰성은 조직운영에 나타나는 잠재적인 비용을 감소시켜주고 기업운영의 가치를 향상시키는 데 도움이 된다 하였다. Parkhe(1993)도 또한 합작 파트너 간의 신뢰성의 형성은 상대방의 기회주의적인 행위의 억제를 통하여 성공적인 기업운영을 가능하게 한다 하였으며, Killing(1983) 역시 합작 사업의 성공에 있어 가장 중요한 요인을 파트너 간의 신뢰성이라 결론지었다. Badaracco(1995)는 상대방의 지식이라는 자산을 얻기 위한 합작 투자에서 가장 중요한 요인은 합작 사업 참여 구성원들 간의 밀접한 유대관계를 통한 쌍방의 신뢰성과 인간적인 관계라고 지적하고 있다. 국내 학자들을 살펴보면 이장호(1989)와 박석호(1995) 등의 연구에서도 역시 신뢰성과 성과 사이에는 일관된 정의 결과를 보이고 있다. 특히 박석호의 연구에서는 현지 파트너에 대한 신뢰성 정도가 성과(주관적 만족도)에 가장 큰 영향을 미치는 것으로 나타났다.

이와 같은 결과를 볼 때 합작 파트너 간의 상호 신뢰성의 형성은 기업운영에 있어서 상대방 직원을 중요한 자리에 앉힐 수 있으며 쌍방 간의 위험 수준을 감소시키며 조직의 효율성을 증가시킴으로써 성과를 향상시키게 된다.

(3) 갈등 정도와 성과와의 관계

가설 3: 파트너 간의 갈등이 많을수록 성과는 낮을 것이다.
　3.1 파트너 간의 갈등이 많을수록 주관적 만족도는 낮을 것이다.
　3.2 파트너 간의 갈등이 많을수록 수익성은 낮을 것이다.
　3.3 파트너 간의 갈등이 많을수록 성장성은 낮을 것이다.

기존 연구들에서 가장 일관된 결과를 보이는 것이 갈등과 성과와의 관계이다. 합작 파트너 간의 문화적 차이나 기업운영 방식의 차이 등으로 인한 갈등의 존재는 합작 사업의 운영에 있어서 파트너 간의 신뢰성 저하를 가져올 수 있으며 상대방으로 하여금 기회주의적인 행위를 생각하게 하며 합작 파트너에 대한 공동운명체라는 규범의식의 저해 등을 통하여 성과에 부정적인 영향을 미치게 된다는 것이다.

Kogut(1988)은 개도국 시장에 합작으로 진출할 경우 파트너들 간의 공통된 목표나 관심사가 있다 하더라도 기본적으로 파트너들 간의 라이벌 의식의 존재로 인해 많은 문제점이 발생한다고 하였다. 그중에서도 특히 합작 기업 간의 문화 차이로 인한 갈등의 존재는 합작 사업의 안정성에 궁극적으로 위협 요인이 된다는 것이다.

그리고 Lane and Beamish(1990)와 Buckley and Casson(1988) 등은 갈등의 존재는 합작 사업의 지속에 필요한 상호 신뢰성과 각자가 소유한 자산을 공정하게 교환한다는 합작 규범의 개발을 억제하게 되며 이는 기업 실패로 이어질 수 있다 하였다. 또한 Anderson and Narus(1990)와 Robert(1982) 역시 합작 사업 결과 적절한 경제적 성과가 보장되었다 하더라도 합작 파트너 간에 갈등 관계가 존재한다면 이는 결국 만족스러운 평가를 불가능하게 만든다는 결론을 내렸다. Beamish and Banks(1987)는 합작 파트너 간의 갈등은 조직운영상의 신뢰성을 잠식하게 하며 이는 곧 기회주의적인 행위의 발생 가능성을 높이며 상대방들로 하여금 합작 기업운영에 필요한 자원을 투입하려는 의지를 감소시킴으로써 조직의 비효율성을 가져온다 하였다.

결국 독립된 두 개 기업 간의 공동 사업 형태인 합작은 기본적으로 파트너 기업들 간의 기업 문화의 차이나 운영 방식 및 의사결정방식의 차이 등으로 인한 내재적인 갈등 요인이 존재하게 된다. 특히 국적이 다른 외국 기업 간의 합작에서는 문화 차이나 기업운영 목표의 상이성 등으로 인한 파트너 간의 갈등 요인이 더욱더 크다고 할 수 있다. 따라서 파트너 기업들 간의 갈등의 존재는 파트너들 간의 협력 분위기의 상실과 상호 신뢰성을 저하시키게 되며 상대 파트너로 하여금 기회주의적인 행동의 유발가능성 등을 자극함으로써 합작 사업의 성과에 부정적인 영향을 미치게 된다.

(4) 외국 파트너의 기여 정도와 성과와의 관계

> 가설 4: 합작 기업에 대한 파트너의 기여도가 높을수록 성과는 높을
> 것이다.
> 4.1 파트너의 기여도가 높을수록 주관적 만족도는 높을 것이다.
> 4.2 파트너의 기여도가 높을수록 수익성은 높을 것이다.
> 4.3 파트너의 기여도가 높을수록 성장성은 높을 것이다.

합작 투자란 기본적으로 상대 파트너들이 갖고 있는 여러 자원들의 상호 결합을 통하여 시너지 효과를 창조하며 이를 통하여 경쟁에서 생존하기 위한 것이라 할 수 있다. 따라서 합작 파트너들이 합작 기업의 경영 활동에 기여하는 정도는 합작 사업의 성과에 직접적인 영향을 미치게 된다.

Raveed and Renforth(1983)는 다국적 기업의 입장에서 현지 파트너들이 현지 시장에 대한 관련 지식 습득 및 현지 경영관리자의 획득, 수용위험 감소 및 현지 정부와의 우호적인 관계 형성 등에 기여하는 정도가 성과와 정의 관계를 보인다는 실증 조사를 발표하였다. Beamish는 그의 박사학위논문(1984)에서 자사가 필요로 하는 자원을 가진 파트너의 선택이 좋은 성과를 결정짓는 요인이라 하였다. 그리고 개도국에 대한 실증 조사(1988)에서 파트너의 기여도는 시간의 경과에 따라 변화하는 것이기에 양호한 성과를 위해서는 이들 요인들에 대한 정확한 재평가가 필요하다 하였다. Robinson(1969)도 역시 합작이라는 것을 동태적 과정으로 인식하면서 합작 사업의 시간 경과에 따른 상대방의 지속적인 기

여도가 사업의 계속성에 중요한 영향을 미친다는 결론을 내렸다.

국내 학자들의 연구 결과는 학자에 따라 상이한 결과를 보이고 있다. 먼저 정의 관계를 보이는 학자로는 이철과 Beamish (1995) 및 곽무섭(1991) 등이 있다. 그러나 파트너의 기여도와 성과 사이의 어떠한 상관관계를 규명하지 못한 연구 결과도 있다. 이철의 연구 (1991)에서는 파트너의 기여도와 성과 사이에는 상관관계가 없는 것으로 조사되었다. 그리고 임장식의 연구(1995)에서도 역시 파트너의 기여도와 재무적 성과와의 상관관계를 발견할 수가 없었다.

본 연구에서는 합작의 본질을 상대방 파트너의 장기적인 사업 기여와 한국 기업의 파트너에 대한 필요성이 계속적으로 있어야만 지속적인 사업이 가능하다는 가정을 내릴 수 있다. 따라서 파트너의 기여도와 사업의 성과와는 정의 상관관계를 보인다는 가설을 설정한다.

2) 모기업특성과 관련된 가설

가설 5: 모기업의 R & D 비중이 높을수록 성과는 높을 것이다.

  5.1 R & D 비중이 높을수록 주관적 만족도는 높을 것이다.

  5.2 R & D 비중이 높을수록 수익성은 높을 것이다.

  5.3 R & D 비중이 높을수록 성장성은 높을 것이다.

가설 6: 모기업의 국제화 경험이 많을수록 성과는 높을 것이다.

  6.1 국제화 경험이 많을수록 주관적 만족도는 높을 것이다.

  6.2 국제화 경험이 많을수록 수익성은 높을 것이다.

  6.3 국제화 경험이 많을수록 성장성은 높을 것이다.

국제사업 활동을 수행하는 기업들은 진입 시장 및 사업 범위의 선택과 어떤 경쟁우위전략을 실시할 것인가 등의 수많은 전략적 대안들을 선택하게 되며 이들 전략의 선택은 대개 모기업의 부존자원에 따라서 결정되게 된다. 이러한 관점에서 최근에 활발히 논의되고 있는 자원준거관점은 기업의 성패를 결정짓는 요인을 기업 내부에 축적된 자원에서 찾고자 하는 것이다. 그리고 이들 기업 내부의 자원은 해당 기업 내부에서만 장시간의 축적에 의해 형성된 독특한 자원들로서 그 기업만의 핵심능력이나 경쟁우위원천으로써 작용하게 된다.[2]

합작 투자에 있어서도 투자 기업이 보유하고 있는 기술력이나 마케팅 노하우 등은 합작 투자의 필요조건뿐만 아니라 현지에서의 성패를 결정짓는 주요 요인이라는 지적이다. 즉 특정 기업만이 보유하고 있는 독점적 우위의 존재 자체가 현지에서의 경쟁력 향상에 도움이 되며 합작 파트너 간의 자원 결합을 통한 시너지 효과의 창출이 비용 요인보다 높은 경우에 합작의 성공은 보장된다는 것이다.

모기업의 특성은 투자 기업이 보유하고 있는 유·무형의 기업 특유의 자원으로서 그 기업이 보유하고 있는 기술 능력과 국제화 경험 등을 말한다.

첫째는 모기업의 연구개발 집약도이다. 기업의 기술력은 해당 기업만의 독특한 경쟁우위 요인으로 작용하며 다른 기업보다 앞

---

2) C. K. Prahalad and Gary Hamel, "The Core Competence and the Corporation", *Harvard Business Review*, (May-June 1990), pp.71-91; 어윤대·방호열, 「전략경영」, (서울: 학현사, 1995), pp.325-353.

서 갈 수 있는 원천으로 작용한다. 합작 투자에 있어서도 기업의 기술원천은 합작 투자의 전제 조건이 됨과 동시에 기업의 성패를 결정짓는 요인이 된다는 것이다.[3]

Kim and Lyn의 연구[4]에서는 모기업의 연구개발집약도는 기업의 초과시장가치에 정의 유의한 영향을 미친다고 하였다. 그리고 이장호의 연구[5]와 조규남의 박사논문(한국 기업의 기술수준으로 측정)에서도 기업의 연구개발 집약도가 기업의 경영성과에 정의 상관관계가 있다고 하였다.

둘째, 국제화 경험 정도이다. 기존의 국제화 문헌에서도 나타나듯이 일반적으로 국제화가 점진적인 학습 과정을 통하여 해외 시장에 대한 개입 정도가 높은 방법으로 진입하게 된다. 이러한 과정은 결국 이질적인 기업 문화 및 기업경영환경의 차이로 인해서 해외 시장에서의 사업경험 유무가 기업의 성패에 영향을 미치게 된다는 것이다.[6] 그리고 기업의 국제화 경험은 해당 기업만이 보유하는 독특한 경쟁우위원천으로서 타 기업이 쉽게 모방할 수 없는 독점적 자산으로 이용되게 되며 이는 곧 그 기업의 성과 향상

---

3) Paul W. Beamish and John C. Banks, "Equity Joint Ventures and the Theory of the Multinational Enterprise", *Journal of International Business Studies*, 18 (Summer 1987), pp.1-16.

4) W. S. Kim and E. O. Lyn, "FDI Theory and Performance of Foreign Multinationals in the U. S", *Journal of International Business Studies*, 20, No.1 (1990), pp.41-54.

5) 이장호, "조립금속제품, 기계장비제조업 참여 기업의 국제전략 및 기타 경쟁전략이 영업성과에 미치는 영향", 서강대학교 「경상논총 15집」, (1988. 3), p.186.

6) W. Mitchel, J. M. Shaver and B. Yeung, "Performance Following Changes of International Presence in Domestic and Transition Industries", *Journal of International Business Studies*, 8 (Spring 1977), pp.45-55.

에 도움이 된다. 따라서 본 연구에서는 국제화 경험의 대리 변수로서 한국 모기업의 국제 시장 참여 연수를 이용하였으며 국제화 경험의 누적이 성과에 정의 영향을 미친다고 가설을 설정한다.

第2節 變數의 操作的 定義 및 測定 方法

1. 獨立變數

1) 모기업 특성변수

국내 모기업의 특성변수로써 다음의 두 가지 변수를 이용하였다. 첫째는 매출액 대비 연구개발비의 비중으로 측정한 연구개발 집약도로서 한국 기업의 기술 수준을 측정하기 위한 것이다.

둘째는 한국 기업의 국제화 경험을 국내 모기업이 수출이나 해외투자 등 국제 사업 활동에 대한 참가 연수로 파악하였다. 이들 항목 중 연구개발비 비중은 설문 문항을 줄이고 설문지 항목에 대한 기업 부담을 줄이기 위하여 한국신용평가 주식회사에서 발행되는 한국기업재무총람 및 증권감독협회에 기업들이 제출한 평가보고서를 이용하여 획득하였다.

2) 합작 기업의 조직특성과 관련된 변수

(1) 통제 정도에 대한 이론변수(구조방정식모형에서는 외생변수임)의 결정

한국 기업이 합작 기업의 운영에서 실질적으로 행사하고 있는 통제 정도라는 이론변수를 측정하기 위해서 다음의 과정을 거쳤다.

먼저 이철과 Beamish(1995), 조규남(1993), 박의범(1988) Cullen, Johnson and Sakano(1995) 등의 연구 결과를 종합하여 다수의 평가 항목을 선정하였다. 그리고 이들 다수 항목에 대한 사전 조사과정에서 중복되는 항목을 제외한 11개 변수에 대하여 한국 기업이 실질적으로 행사하고 있는 통제 정도라는 항목(이들 11 개 항목의 신뢰성 계수인 Cronbach α 는 0.9480으로 상당히 높다) 으로 7점 척도(1은 매우 낮다 7은 매우 높다)를 이용하였다.

그 다음으로는 이들 11개 변수를 이용하여 요인 분석을 실시하였다. 요인 분석의 결과(〈표 3-1〉 참조) 두 개의 변수로 집약되었다. 첫째 요인은 합작 기업운영에 있어서 4P와 관련된 변수(제품과 품질, 유통업자 선정, 촉진 내용 등)라 묶을 수 있었다. 두 번째 요인은 노무관리(고용과 해고 부분 및 임금관리 등) 및 원가부문에 대한 통제 요인으로 평가할 수 있었다.

마지막으로 이들 두 개의 요인으로 분류된 각 항목에 대한 평균값을 통제 정도라는 이론변수를 측정하기 위한 측정변수[7]로써 이용하였다. 이들 각각의 항목에 대한 신뢰성 계수(Cronbach α)

---

7) 87쪽의 〈그림 3-2〉에서는 □ 변수가 이론변수인 ○ 변수를 측정하기 위해 사용된 측정변수들이다. 통제 정도인 이론변수는 제1통제 요인과 제2통제 요인을 통하여 측정할 수 있다는 것이다.

역시 사회과학에서 요구하는 0.6 이상에 충족[8]되므로 이들 측정
변수들의 신뢰성은 상당히 높다 하겠다.

<표 3-1> 통제의 구성 요소

	설문지의 측정 항목들	4P 분야	노무 및 원가관리	신뢰성 계수
제1 통제 요인	제품디자인 광고 및 촉진정책 생산계획이나 과정 품질부문 제품 가격 유통정책 공급업자선택	0.85542 0.84079 0.84376 0.83334 0.82327 0.71852 0.68690	0.36925 0.18677 0.32235 0.23761 0.31175 0.41235 0.47558	0.9492
제2 통제 요인	고용과 해고 임금 및 노무관리정책 비용이나 원가 및 예산부문 배당정책	0.14147 0.32380 0.44541 0.35672	0.91337 0.85120 0.74168 0.72196	0.8966
	Eigenvalues	7.28090	1.28279	
	요인의 중요도(설명력: 분산비)	66.2%	11.7%	
전체 11개 항목에 대한 신뢰성 계수				0.9480

(2) 신뢰성의 결정

신뢰성이라는 것은 합작 사업에 참여하고 있는 외국 파트너의
사업 운영능력과 기회주의적인 행위의 가능성 등에 대한 한국
모기업 측의 신뢰성 정도를 의미한다. 기존의 연구 결과들이 이
들 신뢰성 항목에 대하여 전반적인 신뢰성이라는 단일 지수를

---

8) 채서일, 전게서, p.208.

사용한 것과는 달리 Madhok(1995), Alulakh, Kotabe and Sahay(1996) 등의 연구 결과들을 참조하여 5개의 항목으로 측정하였다. ① 현지 파트너의 기업운영 능력(의사결정능력, 경영철학, 사업추진능력) ② 파트너의 합작 사업체에 대한 기여도(최적의 기술이나 적합한 원자재의 제공 등) ③ 환경 변화에 따른 파트너의 기회주의 행동의 실행 가능성 여부 ④ 계약 내용이나 약속 준수 노력 ⑤ 사업 외적인 부문에서의 적극적인 협력 정도 등이다. 〈표 3-2〉에 의하면 이들 신뢰성 항목 5개에 대한 신뢰성 계수는 0.9103으로 나타나 신뢰성 측정에는 문제가 없는 것으로 조사되었다. 그리고 이들 5개 항목에 대한 요인 분석의 결과는 하나의 요인으로만 묶이는 것으로 나타났다. 따라서 이들 5개 요인에 대한 평균 점수를 이용하여 신뢰성이라는 이론변수를 측정하는 측정변수로 이용하였다.

〈표 3-2〉 신뢰성의 구성 요소

	합작 파트너에 대한 신뢰성	요인 점수	신뢰성 계수
신뢰성 요인	계약이나 약속준수노력	0.89171	0.9103
	사업 외적인 협조 능력	0.87167	
	합작 사업에 대한 기여 정도에 대한 신뢰성	0.83796	
	기업운영능력	0.83294	
	기회주의 행동의 가능성	0.82849	
Eigenvalue		4.43311	
요인의 중요도(설명력: 분산비)		73.9%	

(3) 합작 파트너와의 갈등 요인의 결정

갈등 정도는 합작 사업의 운영과정에서 발생하게 되는 파트너 간의 갈등의 정도로서 Cullen, Johnson and Sakano(1995), 중소기업진흥공단(1991) 등의 연구 결과를 요약하여 10개 세부 항목에 대하여 7점으로 측정하였다.

먼저 이들 10개 항목에 대한 세부 내용은 〈표 3-3〉과 같으며 이들의 신뢰성 계수는 0.9049로서 상당히 높은 것으로 조사되었다. 그리고 10개 항목에 대한 요인 분석결과 두 개의 요인으로 구분되었다. 첫 번째 요인은 주로 원자재나 부품구입문제 합작선이 제공하는 투입물의 가격이나 품질 문제 최종 생산제품이 중간재나 반제품으로 사용되는 조건이나 상대 파트너의 최신기술이전 문제 등의 합작 사업의 직접적인 운영 부문과 관련된 분야들로서 기업운영 부문에 대한 요인(이들 변수의 신뢰성은 0.8778임)으로 묶을 수 있다. 두 번째 요인은 이익충당금 비율이나 이익분배조건이나 계약조건들의 법적인 해석이나 계약조항의 변경 문제 그리고 파트너의 사업기여역할과 기능의 평가 문제 등으로서 사업 활동 이후에 나타나는 파트너 역할의 재평가 및 사업성과에 대한 평가 차원의 요인으로 묶을 수 있을 것이다.

<표 3-3> 갈등의 구성 요소

	설문지의 측정 항목들	기업운영 부문	재평가 문제	신뢰성계수
제1 갈등 요인	원자재나 부품구입비율결정	0.85637	0.12851	
	투입물의 가격 및 품질 문제	0.77597	0.23637	
	생산제품이 중간재나 반제품으로 사용되는 조건	0.76262	0.24437	0.8778
	최신 기술 이전 요구	0.72266	0.32199	
	마케팅 관련 문제	0.64857	0.37380	
	인적 자원들의 직위 문제	0.62855	0.42251	
제2 갈등 요인	이익충당금 비율이나 이익의 분배조건 문제	0.15528	0.85920	
	계약조건들의 법적 해석이나 계약조항의 변경 문제	0.21936	0.81552	0.8469
	파트너들의 사업기여 역할과 기능의 평가 문제	0.32869	0.74094	
	고용 해고정책 및 보수 문제	0.44598	0.66042	
Eigenvalues			6.13207	1.19405
요인의 중요도(설명력: 분산비)			55.7%	10.9%
전체 10개 항목에 대한 신뢰성 계수				0.9049

제2갈등 요인에 대한 신뢰성 계수 역시 0.8469로 신뢰성이 높다고 조사되었다. 통제 정도와 마찬가지로 두 개의 요인들에 대한 측정 점수를 평균하여 갈등이라는 이론변수를 측정하기 위한 두 개의 측정변수로써 이용하였다.

3) 합작 파트너의 기여 정도

파트너의 기여 정도는 현지 파트너가 합작 사업에 기여하는 정도로서 10개 세부 항목에 대한 7점 척도로 측정하였다. 기여도 항목

역시 이철과 Beamish (1995), Beamish(1988) 등의 문헌을 참조하였으며 사전 조사과정을 통하여 항목을 조정하였다. 전체 10개 항목에 대한 신뢰성 계수는 0.8708이며 이들 10개 항목에 대한 요인 분석의 결과는 〈표 3-4〉와 같으며 두 개의 요인으로 구분되었다.

제1요인은 저렴한 노동력 확보와 현지 시장이나 문화에 관한 일반 지식 제공, 현지 시장에 대한 빠른 진입, 현지국 기업으로서의 이미지 형성, 현지 경영실태에 관한 지식 제공 분야로서 현지 시장에 대한 진입부문에서 기여하는 진입기여 요인으로 묶을 수 있다.

〈표 3-4〉 기여도의 구성 요소

	설문지의 측정 항목들	진입기여	운영기여	신뢰성 계수
제1 기여 요인	저렴한 노동력 확보	0.77582	0.16590	
	현지 시장이나 문화 지식 제공	0.77035	0.26169	
	현지 시장에 대한 빠른 진입	0.73640	0.31020	0.8304
	현지국 기업 이미지 형성	0.71514	0.16590	
	현지 경영실태 지식 제공	0.60621	0.39860	
제2 기여 요인	기술이나 장비 및 설비 제공	0.00617	0.88371	
	유능한 현지 경영자 확보	0.25363	0.74750	
	부족한 자본을 보충	0.33838	0.60722	0.7762
	보다 나은 수출기회의 획득	0.32032	0.58831	
	천연 자원, 원자재 공급에 기여	0.39860	0.50158	
Eigenvalues			5.40191	1.16234
요인의 중요도(설명력 : 분산비)			49.1%	10.6%
전체 10개 항목에 대한 신뢰성 계수				0.8708

제2요인으로는 기술이나 장비의 제공, 유능한 현지 경영자 확보, 부족한 자본보충, 보다 나은 수출기회의 확보, 천연자원과 원자재 공급에의 기여 등의 항목 등으로서 현지에서의 직접적인

기업운영 부문에 있어서의 기여도 항목인 운영기여 요인으로 묶을 수 있다. 이들 두 개의 요인을 구성하고 있는 항목의 신뢰성 계수 역시 0.7 이상으로서 사회과학 연구의 충족 조건을 만족시키고 있다.

마지막으로 이들 두 개의 요인에 대한 평균 점수를 이용하여 파트너의 기여도라는 이론변수를 측정하는 데 사용하였다.

2. 從屬 變數

합작 기업의 성과는 크게 두 가지 지표로 구분하여 측정하였다.

(1) 재무 지표

합작회사에 대한 재무 지표로서 합작 사업의 3년간 매출액 성장률(성장성 지표)과 3년 평균 순이익(수익성 지표) 등으로 나누어 측정하였다. 이들 재무 지표들은 기업들이 공개를 꺼려하는 분야이므로 3년간 평균으로 기입하도록 요청하였으며, 부족한 자료들은 기업 내부자료 및 한국은행자료들을 이용하여 보충하였다. 따라서 구조방정식모형에서는 이들 단일 측정 지표들이 이론변수를 측정하는 데 이용되었다.

(2) 주관적 만족도

합작 사업의 12개 항목에 대한 담당자의 주관적인 만족도로서 모기업 입장에서 평가한 합작 사업의 만족도로써 측정하였다. 이철과 Beamish(1995), Beamish(1988), Geringer and Hebert (1991), 곽무섭(1991) 등의 문헌을 바탕으로 중복되는 항목은 제외한 다음 12개 세부항목에 대한 만족도를 측정하였다. 이들 12개 항목에 대한 전체 신뢰성 계수는 0.8987로 조사되었다.

이들 변수들에 대한 요인 분석의 결과 크게 세 가지 요인으로 구분되었다. 제1요인(6개 항목이며 신뢰성 계수는 0.8629)은 합작 회사에 대한 예산통제나 원가통제 정도, 합작회사의 수익률, 합작 회사의 매출액, 상호 신뢰성의 구축이나 유대관계의 형성, 현지 시장에서의 장기적 사업토대의 마련, 합작회사에 대한 평판 등의 항목으로서 합작 기업의 조직 관리 및 재무적 성과에 대한 만족 도라는 항목으로 구분하였다. 두 번째 요인(4개 항목이며 신뢰성 계수는 0.8360임)으로는 합작 기업의 디자인 능력과 제조 및 품 질능력, 노동생산성, 대고객서비스 정도로서 주로 기업의 경쟁력 과 관련된 요인들이었다. 마지막으로 세 번째 요인(두 개 요인이 며, 0.6840임)은 현지 유통경로에 대한 접근력과 현지 시장점유율 로서 현지 시장에서의 합작 기업의 지배력을 나타내는 항목으로 묶을 수 있었다.(〈표 3-5〉 참조)

이들 세 가지 요인에 대한 설문지 측정 항목에 대한 평균 점 수를 구한 다음 이 점수를 만족도라는 이론변수를 측정하기 위 한 측정 지표로 이용하였다.

주관적인 만족도의 평가에 있어서는 합작에 참여하는 쌍방 모두로부터 자료를 수집하여야 하나 비용상의 문제점과 한국 기업 측의 상대방 파트너에 대한 자료 기피현상으로 인한 상대방 기업에의 접근 어려움 등으로 한국 기업 측의 만족도만을 측정하였다.9) 지금까지 다항목으로 측정한 변수들의 조작적 정의와 그 구성 내용들을 종합하여 나타내면 〈표 3-6〉과 같다.

〈표 3-5〉 만족도의 구성 요소

	설문지의 측정 항목들	조직 관리 및 재무성과	합작 기업의 경쟁력	현지 시장 지배력	신뢰성 계수
제1 만족도 요인	합작회사의 예산이나 원가통제	0.75131	0.34659	−0.08897	
	합작회사의 대한 수익률	0.73333	−0.00002	0.42889	
	합작회사의 매출액	0.71178	0.09224	0.44991	0.8629
	상호 신뢰성 구축이나 유대관계	0.68833	0.33927	0.10193	
	현지에서의 장기적 사업토대 마련	0.68663	0.21943	0.33908	
	합작회사에 대한 평판	0.48836	0.33600	0.40319	
제2 만족도 요인	합작회사의 디자인 능력	−0.00988	0.83665	0.31504	
	합작회사의 제조 및 품질능력	0.34027	0.80198	0.00108	0.8360
	합작회사의 노동생산성	0.41564	0.65443	−0.01565	
	합작회사의 대고객서비스 정도	0.49515	0.52033	0.43936	
제3 만족도 요인	현지 유통경로에 대한 접근	0.03244	0.23934	0.83120	0.6840
	현지 시장점유율	0.36763	−0.03530	0.78159	
Eigenvalues			5.78270	1.47704	1.07804
요인의 중요도(설명력: 분산비)			48.2%	12.3%	9.0%
전체 12개 항목에 대한 신뢰성 계수					0.8987

---

9) J. Michael Geringer and Louis Hebert, "Measuring Performance of International Joint Ventures", *Journal of International Business Studies*, 22, No.2(1991), p.252. 합작 사업은 파트너들 간의 밀접한 공동사업 운영 및 각종 경영관리부문에 대한 정보교환 및 공동의사결정 과정에서 상호 토론과 의견교환을 하기 때문에 다른 파트너의 만족도에 대한 평가가 가능하다 하였다.

〈표 3-6〉 이론변수 및 측정변수의 내용과 신뢰성 검증

이론변수		측정변수	측정변수내용	신뢰성 계수
종속변수	만족도	제1만족도 요인	(①+③+⑦+⑩+⑪+⑫)/6	0.8629
		제2만족도 요인	(④+⑤+⑥+⑦)/4	0.8360
		제3만족도 요인	(②+⑧)/2	0.6840
	수익성	3년 평균 순이익	3년 평균 당기 순이익	
	성장성	3년 평균 성장성	3년 평균 매출액 성장률	
독립변수	통제정도	제1통제 요인	(①+②+③+④+⑤+⑥+⑦)/7	0.9402
		제2통제 요인	(⑧+⑨+⑩+⑪)/4	0.8966
	신뢰도	신뢰도 요인	(①+②+③+④+⑤)/5	0.9103
	갈등정도	제1갈등 요인	(①+⑥+⑦+⑧+⑨+⑩)/6	0.8778
		제2갈등 요인	(②+③+④+⑤)/4	0.8469
	기여도정도	제1기여도 요인	(①+②+④+⑤+⑩)/5	0.8304
		제2기여도 요인	(③+⑥+⑦+⑧+⑨)/5	0.7762

주: 측정변수의 내용 중 숫자 표시는 부록에 있는 설문지 항목을 나타내며 〈표 3-1〉
에서 〈표 3-5〉에 그 내용들이 제시되어 있다.

3. 變數의 信賴性과 檢證

가설 검증에 앞서 반드시 해결하여야 할 문제는 실증연구에 사용된 변수들의 측정 도구에 대한 신뢰성을 검증하는 절차이다. 신뢰성이란 동일한 개념에 대하여 측정을 되풀이하였을 때 동일한 측정값을 얻을 수 있는 가능성을 의미한다. 어느 하나의 항목

에 대하여 이들 변수들을 측정하는 내용들이 과연 자기가 측정하고자 하는 내용을 정확하게 측정하였는가를 검증하기 위한 것이라 할 수 있다.

사회과학 분야의 실증 조사에서 변수들의 신뢰성을 검증하기 위해 가장 많이 사용하는 방법이 Cronbach Alpha 계수를 이용하는 것이다. 따라서 본 연구에서도 Cronbach Alpha 계수를 이용하여 사후적으로 신뢰성을 검증하였다. 검증 결과는 〈표 3-1〉에서 〈표 3-6〉에서 표시된 것과 같으며 측정 대상 항목 사회과학연구에서 규정한 0.6 이상에 충족[10]되므로 본 연구에서 사용된 변수들의 신뢰도는 상당히 높은 수준이라 할 수 있다.

第3節 分析模型 및 方法

1. 構造方程式模型

성과결정 요인들 중 조직 특성변수들과 기여도 간에는 제2장에서 살펴보았듯이 인과관계가 존재할 수 있다. 따라서 이들 독립변수들을 이용한 실증연구에서는 이들 변수들 간의 인과관계나 상호 작용효과를 고려한 새로운 평가 모형이 필요하다. 변수들 간의 인과관계를 고려할 수 있는 적합한 분석방법은 구조방정식모형이다. 구조방정식모형은 실증연구를 위하여 조사자가 측

---

10) 채서일, 전계서, p.208.

정한 변수들(예를 들어 통제 정도를 측정하기 위하여 도입된 11 개 변수들 모두를 지칭)이 이론적 변수(통제 정도를 지칭)를 완전히 반영한다는 것은 사회과학에서 불가능하다는 판단 아래 이론변수를 측정하기 위한 측정변수들의 측정오차를 고려하며, 변수들 간의 인과관계를 고려한 변수들의 직·간접적인 효과까지 고려한다는 장점이 있는 분석 기법이다.[11] 본 연구의 구조방정식모형은 〈그림 3-2〉와 같다.

〈그림 3-2〉 구조방정식모형

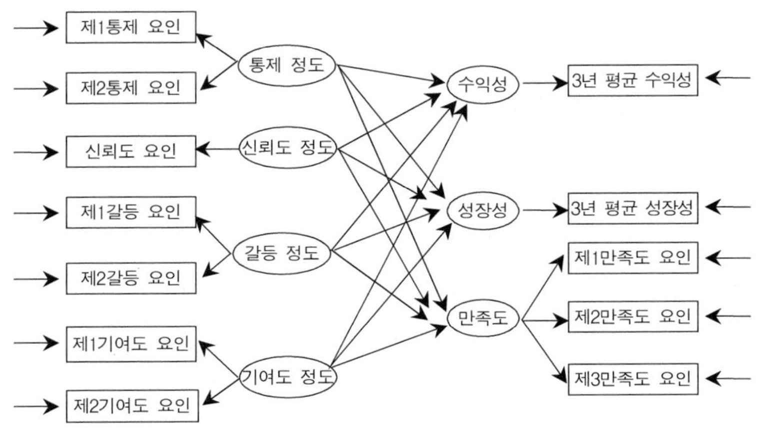

본 구조방정식모형의 측정변수들과 이론변수들[12]을 살펴보면 다음과 같다.

---

11) 채서일, 「마케팅 조사론」, (서울: 학현사, 1996), pp.556-557.

12) 채서일, 전게서, pp.556-561. 측정변수란 조사자가 각 이론변수들을 실제로 측정하기 위해 사용된 변수들을 의미하며 이론변수(latent variable)란 이들 측정변수들이 실제적으로 측정하고자 하는 것을 의미한다. 구조방정식모형은 이들 측정변수와 이론변수 간의 관계와 더불어 측정변수의 오차를 고려하고 있다.

1) 통제 정도

통제 정도란 한국 측 모기업 합작 사업담당자들이 합작 기업체의 11개 운영 부문에 대해서 실질적으로 행사하고 있는 정도를 측정한 것이다. 이들 11개 부문에 대한 요인 분석의 결과 두 가지 구성 요인으로 조사되었다. 이 모형에서 표시된 제1통제 요인과 제2통제 요인이 이론상의 통제 정도를 측정하기 위한 측정변수로 이용되었다.[13] 기존 논문들 대부분은 통제 정도를 측정하기 위하여 이들 각각의 항목들에 대한 가중치를 부여한 단순평균만을 이용하거나 요인 분석을 통한 요인 점수를 회귀분석에 이용하고 있는 실정이다. 그러나 이들 요인 점수나 평균 점수 자체가 통제 정도를 완전히 평가하기에는 무리가 있으며 통제 정도의 측정에 개입될 수 있는 측정오차를 반영하는 것이 더 정확한 평가가 될 수 있을 것이다. 따라서 본 연구에서는 이들 측정변수와 이론변수와의 관계를 규명하기 위한 차원에서 이들 항목에 대한 설문지의 평가 점수를 평균하여 측정변수를 지수화하였으며 이들 측정변수들이 통제 정도라는 이론변수를 얼마나 잘 측정하고 있는가를 측정오차와 함께 고려하였다.

2) 신뢰성 정도

합작 파트너에 대한 신뢰성 정도를 상대 파트너의 기업운영능

---

13) 자세한 문항 및 신뢰성 계수 등은 본 장의 제2절을 참조할 것.

력과 합작 사업에 최대한 기여하려는 노력, 현지 시장기회의 변동이나 상황 변화에 따른 합작 파트너의 기회주의 행위의 가능성, 합작계약내용에 대한 준수 노력, 사업 외적인 부문에 대한 적극적인 협력 정도로서 측정하였다. 이들 5개 분야에 대한 요인분석의 결과 하나의 요인으로만 분류되었기에 이들 5개 항목에 대한 평균으로서 신뢰도라는 이론변수를 측정하였다.

3) 갈등 정도

합작 기업의 운영 과정에서 발생할 수 있는 파트너 기업과의 갈등 분야를 10개로 구분하여 평가하였다. 10개 분야에 대한 요인분석결과 2개의 요인으로 파악되었으며 이들 두 개의 요인을 갈등 정도라는 이론변수를 측정하기 위한 측정변수로 이용하였다.

4) 기여도 정도

외국 기업의 특성변수로서 현지 파트너 기업이 합작 기업의 운영에 기여(공헌)하는 정도로서 10개 분야로 조사하였다. 요인분석 결과 역시 2개의 요인으로 조사되었으며 이들 두 개의 요인 변수들의 평균값을 기여도라는 이론변수를 측정하는 데 이용하였다.

5) 만족도

합작 기업의 운영 결과에 대한 한국 기업 측의 만족도를 12개 문항으로 측정하여 요인 분석한 결과 3개의 요인으로 조사되었다. 이들 요인들이 만족도라는 이론변수를 측정하기 위한 측정변수로 고려되었다. 합작 사업의 성과에 대한 주관적인 만족도의 평가가 평가자 개인의 주관성이 개입된다는 단점이 있지만 합작 사업의 다양한 목적을 평가할 수 있다는 장점이 있다.

6) 수익성과 성장성

합작 기업의 성과를 질적인 측면에서도 파악하였다. 성과에 대한 지표는 크게 질적인 지표와 양적인 지표로 구분 지을 수 있다. 질적인 지표는 수익성과 성장성이 가장 일반적이고 양적인 성과 지표는 매출액이 대표적이라 할 수 있다.

본 연구에서는 성과의 다차원성을 고려하기 위하여 질적인 평가 지표인 합작 기업의 매출액 성장성과 수익성(당기 순이익)을 함께 고려하였다. 복수의 평가 지표를 통한 실증 조사를 실시한 것은 지표들 간의 결정 요인을 규명하고 차이가 있다면 왜 그러한 차이가 있는가를 살펴보기 위함이다.

2. 資料의 分析方法

수집된 자료의 처리는 SPSS WINDOW용 5.1 및 WINDOW용 LISREL8.12를 사용하였다. 먼저 수집된 자료의 일반적인 특성을 찾기 위하여 빈도분석과 기술 통계기법을 사용하였다. 설문의 각 내용에 대한 신뢰도를 검증하기 위하여 신뢰성 분석을 실시하였으며 각 변수들 간의 유의한 관계를 분석하기 위하여 상관관계 분석과 더불어 교차분석을 병행하였다. 독립변수 그룹 간 차이성을 규명하기 위해서는 t-test를 이용하였다.

마지막으로 변수들 간의 상관관계의 존재에 따른 구조방정식모형을 통한 LISREL 분석에서의 경로 분석을 실시하였다. LISREL 분석기법[14]은 영향을 미치는 예측변수들(일종의 독립변수들임) 간에 상관이 있다는 가정하에서 각 변수들이 종속변수에 대하여 미치는 간접효과 및 직접효과 그리고 제3변수 효과 등을 고려할 수 있는 통계기법이다. 따라서 조직 특성변수들 간의 상호 작용을 고려할 때 이들을 효과적으로 측정할 수 있는 기법이라 생각된다.

---

14) Karl Joreskog and Dag Sorbom, *LISREL 8 Structural Equation Modeling with the SIMPLIS Command Language*, (NJ, Hove and London Hillsdale: SSI, Lawrence Erlbaum Associates Publishers, 1993); 이순묵, 「공변량구조분석」, (서울: 도서출판 성원사, 1990).

第4節 調査對象企業의 選定과 資料 蒐集

1. 調査對象企業의 選定

　본 연구는 한국 기업의 국제합작 투자 특성 및 성과에 관한 실증연구이므로 한국 기업이 해외에서 현지 기업과 공동으로 설립한 모든 합작 사업을 대상으로 하여야 한다. 그러나 모든 합작 사업을 대상으로 삼는 것은 조사 기간의 장기간 및 시간적 낭비와 효율적인 자료의 수집 등의 제약 사항이 있으므로 다음과 같은 목적에 맞는 산업과 기업만을 분석 대상으로 선정하였다.

　첫째, 투자 대상국의 현지국 기업을 파트너로 현지에서 제조 활동을 실행하고 있는 제조업종을 대상으로 한다. 제조업종의 분류는 한국은행에서 발간하는 해외투자현지법인 현황을 이용하여 파악하였다. 따라서 한국 기업의 합작 현지법인 중에서 판매법인이거나 참여 파트너가 2개 기업 이상 및 제3국 기업과의 합작을 하고 있는 경우는 제외하였다. 또한 합작의 소유권 비중은 한국 기업의 소유권이 10% 이상 95% 이하인 기업만을 대상으로 하였다. 소유권 비중이 96% 이상인 경우는 사전 조사과정에서 응답자들이 거의 단독운영에 가까우며 독립적인 운영이 가능하기에 형식상 합작에 불과하며 파트너의 역할도 미미하다고 응답하였으며 10% 미만인 경우도 합작이라고 볼 수 없다는 응답이 많았기 때문이다.

　둘째, 해외 시장에서의 공장 설립과 본격적인 기업 가동에 필요한 시간을 3년 정도로 보고서 1992년 말 현재 실질적으로 투자가 이루어진 기업만을 대상으로 한다. 이는 해외투자에 대한 허가를 한국은행으로부터 취득한 다음 현지에서의 공장설립 기간 및 기업의 본격적인 사업 가동 시간을 고려한 것이다.

셋째, 투자금액이 최소한 30만 달러 이상인 기업만을 대상으로 한다. 30만 달러로 분류한 학문적 근거는 미비하나 기존의 연구들과 전화인터뷰를 통해서 파악한 결과 최소한 30만 달러는 초과하여야만 본격적인 경영관리 및 체계적인 기업운영이 가능하다고 판단하였기 때문이다.

〈표 3-7〉 조사대상 기업의 분포

분류기준 업종	전체 표본 (건수)	설문지 회수	미회수	거부	단독 전환	철수	기타	연락 안됨
음·식료품	24	8	2	0	0	4	2	8
섬유·의복	92	26(24)	8	16	2	11	12	16
신발·가죽	31	6	1	4	1	7	1	11
목재·가구	14	3	1	1	1	2	1	5
종이·인쇄		0	0	0	2	0	0	5
석유·화학	34	12(10)	4	4	2	5	4	5
비금속광물	15	9	0	1	0	3	0	2
1차금속	6	2	0	2	0	0	0	2
기계·장비	11	5(1)	1		1	3	2	1
조립금속	65	17	3	14	2	4	2	7
기타 제조	68	12	2	9	11	8	7	17
합　계	367	100(95)	22	51	21	45	31	79

앞에서 살펴본 분석 대상 기준에 따라 합작 사업을 확인해 본 결과는 앞 페이지의 〈표 3-7〉과 같으며 총 367건의 합작 사업을 확인할 수 있었다. 이들 중 약 33%에 가까운 기업(97개 기업)이 설문 대상으로 적합치가 않았다.

그 이유로는 합작에서 단독으로 전환하였거나 사업체를 이미 철수한 경우 및 조사 기간 중에 청산 진행 중인 기업 등이 있었다. 또한 현지국 규제에 따른 슬리핑(sleeping) 파트너의 선택으로 단독 사업체 처럼 운영 중인 경우 및 자본 투자 등의 기타 사유로 설문에 부합지가 않았기 때문이다. 또한 79개의 기업들은 2차 자료를 통해서는 파악할 수 없는 소규모의 기업들로서 전화번호를 파악할 수 없는 기업이었다. 그리고 연구의 목적에 대하여 사전 전화연락을 통하여 충분한 설명을 하였는데도 불구하고 합작 파트너에 대한 세세한 내용이 들어있다거나 설문 자체에 대해 거부 반응을 보이는 기업들의 거부 건수도 51건이나 되었다.

결국 본 연구에서는 사전 연락을 통하여 파악된 기업들에 대한 실사를 통하여 총 100건이 회수되었으며 이 중 내용이 충실치 않은 5건을 제외한 95건에 대하여 실증 조사를 실시하였다.

2. 資料 蒐集

모 집단의 기업명과 투자 지역은 한국은행에서 발간하는 해외투자현지법인현황(1992년 12월과 1995년 6월 30일)을 이용하였다. 1992년 12월에 발간된 자료를 이용한 것은 최초의 합작 사업에 대한 허가 취득 후 도중에 철수하거나 합작비율을 변경하는 기업을 파악하기 위한 것으로 1995년 12월 말 자료를 이용하는 것보다 충분한 자료를 얻을 수 있기 때문이었다. 또한 1992년 자료와 1995년 6월 30일 자료를 비교하여 92년에 투자가 완료된 기업을 추가적으로 확보하였다.

자료의 수집은 사전 조사를 통하여 최종적으로 설계된 설문지와 조사자의 직접면접 방식을 병행하였다. 또한 현지 제조법인에 대한 성과 지표에 대한 추가적인 정보는 한국은행에서 보충하였다. 설문 내용에 대한 응답자의 부담을 줄이기 위하여 모기업의 규모와 연구개발비 비중 등의 변수는 2차 자료를 이용하였다.

실사 기간은 일차적으로 1996년 2월 25일부터 5월 30일까지 수행하였으며, 응답자의 회신미비 및 추가적인 자료를 수집하기 위하여 1996년 7월 1일부터 8월 30일까지 2차에 걸쳐 실시하였다. 서울 지역에 대해서는 본 조사자가 직접 담당자와의 사전 연락을 통하여 편리한 시간에 방문하는 방법과 방문보다는 우편이나 FAX응답을 원하는 담당자에게는 우편과 FAX를 병행 실시하였다. 서울 이외의 지역에 대해서는 사전 연락을 통하여 담당자에게 양해를 구한 다음 약간의 사은품과 더불어 우편을 발송하여 회수하는 방법을 선택하였다. 실사 기간이 길어진 것은 설문지 분량도 있지만 회사의 바쁜 일정을 고려하여 응답 기간에 많은 여유를 주었기 때문이라 할 수 있다.

3. 設問紙의 構成

실증연구에 이용될 설문지의 구성을 살펴보면 〈표 3-8〉과 같다. 첫째, 일반적인 사항으로 지분 비율과 국제사업 참여 경험 등을 기입하게 하였다. 그리고 합작의 동기 및 합작 사업의 형태를 질문하였다. 둘째, 합작 법인의 조직운영에 관한 부문이다. 파트너에 대한 한국 기업 측의 통제 정도와 파트너의 합작 사업에 대한 사업기여 정도, 합작 사업 운영 과정에서 파생되는 파트너와의 갈등 정도, 파트너에 대한 신뢰성 정도 등을 측정하였다.

〈표 3-8〉 주요 변수의 설문지 구성 내용

變　數	設問方式
지분비율, 국제경험년도	기입형
합작 투자 동기 및 합작 사업 형태	선택형
통제 정도	7점 척도(11개 항목)
기여 정도	7점 척도(10개 항목)
갈등 발생 정도	7점 척도(10개 항목)
신뢰도 정도	7점 척도(5개 항목)
국제합작 경험 유무	기입형 및 선택형
주관적인 만족도	7점 척도(단일항목 및 12개 항목)
3년간 매출액 성장률, 당기 순이익	기입형
작성자의 지위	기입형

셋째, 종속변수로서 합작 기업체에 대한 주관적인 만족도와 3년 평균 매출액 성장률(성장성) 그리고 3년 평균 순이익(수익성) 등을 측정하였다. 그리고 이들 성과 지표에 대해서는 한국은행의 자료를 이용하여 보완하였다.

第4章 實態 分析과 假說 檢證

第1節 組織特性變數와 韓國 母企業特性

1. 韓國 企業側의 統制程度

한국 기업 측의 현지 합작 법인에 대한 통제 정도는 12개 세부 항목에 대한 7점 척도와 12개 항목을 모두 고려한 전반적인 통제 정도를 백분율로 측정하였다. 12개 세부 항목에 대한 실증조사결과는 〈표 4-1〉과 같다.

통제 정도가 가장 높다고 응답한 부문은 품질부문에 대한 통제(7점 척도에서 5.26)이며 그 다음이 생산 계획이나 과정(5.22) 그리고 제품 디자인(5.20)의 순서로 조사되었다. 이 분야에 대한 통제가 중요하다고 응답한 것은 한국 기업들이 가장 중시하는 분야가 현지 생산 제품의 품질 및 현지 근로자들의 생산성 저하나 숙련 기술자의 부족에 따른 생산공정상의 불량률을 줄이는 데 집중하고 있다는 것이다. 이와는 달리 통제력이 가장 낮은 분야는 고용과 해고(3.81) 및 임금 및 노무관리 정책(4.20)으로서 이들 분야는 파트너의 현지 근로자에 대한 인식과 문화 차이 등으로 파트너에게 의존하는 경향이 높기 때문이다.[1]

---

[1] 중소기업진흥공단, "우리나라 중소기업의 아세안 4개국 해외직접투자에 관한 연구서", 「중소기업진흥공단」, (1991. 10), p.191. 본 연구의 결과와 거의 일치한

　대한상공회의소에서 조사한 연구에서도 한국 기업들의 대 동남아 투자에 있어서 통제가 높은 분야로서 총괄 생산 계획(4.8)과 생산설비의 확대(5.2)로 나타났는데 이는 본 연구와 거의 일치한다. 이와 같은 이유를 한국 기업들의 대 동남아 투자가 생산설비의 이전을 통한 제3국 수출을 위해서는 생산에 대한 통제력을 강화하는 것이 필요하기 때문이라 하였다.[2] 현지 기업에 대한 인사부문의 통제력에서는 현지 경영자의 선임(5.7)과 직원의 교육 훈련(4.3)으로 조사되었다. 이와 같이 통제력이 높은 이유는 현지 기업에 대한 통제권을 경영자의 인사권에 있다는 판단을 하기 때문이라는 지적을 하고 있다. 그러나 합작만을 대상으로 한 본 연구에서는 고용과 해고 부분에서는 현지 파트너에 권한을 이양하는 경우가 많다고 조사되었다.

다. 현지 파트너의 권한이 가장 높은 분야는 종업원의 채용 및 승진과 해고에 관한 결정과 현지 합작회사의 생산계획 분야이지만 대부분의 주요 기능은 모기업 측이 갖고 있다고 조사되었다. 그러나 한편 한국 파트너의 지나친 권한 집중은 현지 시장과 동떨어진 의사결정을 통하여 이익기회의 상실과 투자 마찰을 야기하기에 현지 파트너에 대한 권한 이양이 필요하다고 주장하였다.

2) 대한상공회의소, 전게서(1993. 12), pp.100-101. 한국 기업의 동남아 투자업체에 대한 설문조사 결과이며 단독과 합작 기업 모두가 포함된 것임.

〈표 4-1〉 세부 항목별·업종별 통제 정도

통제 분야＼업종별	음식료법	섬유의복	신발가죽	목재가구	석유화학	비금속	1차금속	조립금속	기계장비	기타제조	합계
제품가격	4.00	5.21	6.00	6.00	4.10	5.11	2.50	3.94	4.75	5.75	4.82
제품디자인	4.50	5.33	6.67	6.00	4.60	5.44	4.00	5.12	4.75	5.25	5.20
생산계획·과정	4.25	5.67	5.83	6.00	4.90	5.89	3.50	4.65	4.75	5.50	5.22
품질통제	4.13	5.71	5.50	6.67	4.60	6.00	3.00	4.94	4.75	5.67	5.26
광고·촉진정책	3.38	4.96	5.00	4.67	3.60	4.56	3.50	3.76	4.50	4.58	4.33
공급업자선택	3.50	5.71	6.67	5.00	4.80	4.78	2.00	3.65	4.75	5.25	4.83
유통정책	3.50	5.29	6.00	4.67	3.60	4.33	2.00	3.82	4.75	5.25	4.54
고용과 해고	3.63	4.29	5.33	3.67	4.30	3.44	2.00	2.82	4.50	3.58	3.81
임금·노무정책	3.88	5.00	5.33	4.33	4.40	4.11	1.50	3.18	4.50	3.92	4.20
비용·원가·예산	4.75	5.13	5.83	6.33	4.80	5.33	2.00	3.41	4.75	5.08	4.77
배당정책	4.88	5.00	5.17	4.00	4.50	4.78	3.50	4.00	4.50	5.24	4.69
전반적 통제 정도	0.57	0.73	0.73	0.70	0.61	0.72	0.25	0.56	0.60	0.63	0.65

기업 규모 면에서는 대기업이 0.56에 불과한 반면 중·소기업은 0.74로 상당히 높게 나타나고 있다. 이러한 결과 역시 대한상공회의소의 연구[3]와 일치한다. 중·소기업일수록 통제력을 강화하는 이유를 국내에서의 경영 경험이 미천하다는 것과 소규모 저임금 위주의 투자가 주종을 이루는 투자업종의 특성 때문이라 하였다.

2. 合作 파트너에 대한 信賴性程度

한국 기업에서 평가한 상대 파트너에 대한 신뢰성 정도는 〈표

---

3) Ibid., p.102.

4-2〉와 같다. 전반적인 신뢰성 정도를 보면 55%에 불과해 신뢰성은 그다지 높지 않다고 평가할 수 있다.

신뢰성이 가장 높은 부문은 파트너가 합작 계약 내용이나 약속에 대하여 충분한 준수 노력을 기울이고 있다는 것이다. 이러한 평가는 합작을 지속하고 있다는 사실 자체가 상대 파트너가 합작 계약 내용에 대하여 충실하기 때문이라는 것이며 이 분야에서의 신뢰성이 낮다면 합작 사업의 존속 이유가 사라지기 때문에 나타난 결과라 할 수 있다. 그리고 사업 외적인 부문에 대한 적극적인 협력 정도는 4.56으로 상당히 높게 나타났는데 이는 현지국에서의 기업 이미지 형성 및 대정부관계의 개선 등의 상대 파트너의 역할에 대해 상당히 만족한다는 의미이기도 하다.

신뢰도성이 가장 낮은 분야는 사업기여도(최적의 기술을 사용하거나 적합한 품질 및 원재료를 공급하고 있다는 믿음)로 조사되었다. 이러한 결과를 보인 이유로는 주된 합작 지역이 개도국이며 이들 지역의 기업들이 한국 기업 측이 요구하는 기술 수준이나 제품 생산에 필요한 원자재의 수준이 낮기 때문에 나타난 결과라 할 수 있다.

〈표 4-2〉 합작 파트너에 대한 세부 항목별·업종별 신뢰성 정도

신뢰도 차원＼업종	음식료업	섬유의복	신발가죽	목재가구	석유화학	비금속	1차금속	조립금속	기계장비	기타제조	합계
기업운영능력	4.38	3.50	4.83	2.00	3.90	3.44	5.50	4.24	4.00	4.25	3.93
사업 기여도	4.00	3.25	4.33	2.00	3.80	3.22	5.50	4.18	4.00	3.83	3.71
기회주의적인 행동	4.25	3.71	4.50	3.33	4.10	3.56	4.50	4.71	4.25	4.00	4.07
계약준수노력	4.25	4.42	5.17	4.00	4.80	4.33	5.50	5.00	4.00	4.58	4.60
사업 외적 협조능력	3.88	4.67	5.17	3.00	4.70	4.44	6.00	4.94	4.00	4.25	4.56
전반적인 신뢰도	0.60	0.56	0.60	0.40	0.57	0.56	0.80	0.60	0.50	0.57	0.57

이 밖의 상대 파트너의 시장 상황이나 환경변화에 따른 기회주의 행위의 발생가능성에 대해서는 4.07로 조사되었다. 이러한 결과는 개도국 기업들이 한국 기업으로부터 기술을 습득한 다음에 단독으로 전환하려는 의사가 높은 경우가 하나의 이유가 될 수 있다. 또한 단독에 대한 규제가 있는 지역(3.48이며 규제가 없는 지역은 4.31임)에서 이 분야에서의 신뢰성이 낮기 때문에 나타난 결과 때문이라고 할 수 있을 것이다.

이와 같이 전반적인 신뢰성의 정도가 낮은 이유 중의 하나는 한국 기업들이 단독에 대한 규제가 있는 지역에 진출하면서 단독 규제를 충족시켜 줄 수 있다는 이유에서 단기적으로 합작 파트너를 선택하기 때문이라 할 수 있다. 단독에 대한 규제가 있는 지역일수록 사업기여도(없는 지역이 3.99인 반면 3.00에 불과)나 기업운영능력(3.19 : 4.22) 기회주의 행동의 가능성(3.48 : 4.31)에 대한 신뢰성이 낮은 반면에 사업 외적인 부문에 대한 협조 능력(4.19 : 4.71)이나 계약 준수 노력은(4.30 : 4.72) 상대적으로 높게 나타난다는 것에서도 유추할 수 있다.

3. 合作 파트너 간의 葛藤要因

다음 페이지의 〈표 4-3〉에 나타나 있듯이 합작 파트너들 간의 기업운영과정에서 발생하게 되는 전반적인 갈등 정도는 28%로서 다소 낮은 편이라 할 수 있다.

갈등이 가장 많은 분야는 이익분배조건(2.87)이며 그 다음이 합작계약조건의 변경 문제(2.80)로 나타났다.[4] 이러한 사실은 합작 사업이 3년 정도 경과되었으며 사업성과가 나타나기 시작한 시점에서 이익분배에 대한 현지 파트너와의 갈등 표출이 늘어나고 있다는 것이다. 합작계약조건의 변경 문제에 있어서는 사업 개시 후 현지 파트너로부터 경영권 분쟁에 휘말리는 경우가 늘어나고 있기 때문이다. 특히 중국에 진출한 많은 기업들이 중국 측과의 경영권 다툼으로 인해 기업을 빼앗기는 경우가 많다는 사실에서 이 분야에 대한 관심 증가가 요망된다.

<표 4-3> 세부 항목별·업종별 갈등 정도

업 종 갈등 요소	음식 료업	섬유 의복	신발 가죽	목재 가구	석유 화학	비금속 광물	1차 금속	조립 금속	기계 장비	기타 제조	합계
마케팅 관련 분야	2.38	2.25	2.00	2.33	2.00	2.67	1.50	2.76	1.50	2.42	**2.33**
합작계약조건 변경 문제	3.13	2.96	2.83	3.33	2.40	2.56	2.50	3.18	1.75	2.50	**2.80**
사업기여역할 평가 문제	2.88	2.96	2.00	3.00	2.60	2.56	2.00	3.00	2.00	2.50	**2.71**
이익분배조건	3.13	3.29	2.67	2.67	2.90	2.67	2.50	2.76	1.75	2.75	**2.87**
고용·해고 및 보수 문제	3.13	3.17	3.00	2.00	2.80	1.78	1.50	2.76	1.75	2.08	**2.64**
파견 직원의 직위·권한	2.00	2.46	3.00	2.00	2.20	2.44	1.50	2.53	1.75	2.50	**2.38**
최신기술 이전 요구 문제	1.88	2.25	2.17	3.00	2.30	1.89	1.50	2.41	1.25	2.08	**2.16**
합작선 제공투입물의 가격결정 문제	3.25	2.58	2.17	3.33	1.90	2.78	1.50	2.94	1.50	2.67	**2.59**
원자재 구매비율 문제	1.88	2.00	1.67	1.67	2.60	1.89	1.50	2.65	1.50	2.08	**2.11**
반제품 사용조건의 변경	1.38	2.08	2.17	2.00	2.60	2.22	1.50	2.35	1.50	2.25	**2.13**
전반적인 발생 빈도	0.27	0.30	0.27	0.37	0.28	0.29	0.15	0.32	0.18	0.22	0.28

---

4) 중소기업진흥공단, 전게서, p.203-204. 가장 분쟁이 많은 분야가 증자 및 투자로 조사되었다. 전반적으로는 합작 사업의 지속 기간이 짧다는 이유에서 찾고 있으며 사업 기간이 길어질수록 갈등 관리에 대한 중요성이 높아진다고 하였다.

갈등이 상대적으로 낮은 분야는 합작 파트너로부터 제품 생산에 필요한 원자재나 부품 구입 시의 구매 비율 결정(2.11)과 합작 사업의 최종 생산 제품이 합작 파트너 모기업의 중간재나 반제품으로 사용되는 조건의 변경이나 수정 문제(2.13)라고 응답하였다. 이러한 결과는 이 분야에서의 파트너 기여도가 낮으며 원자재의 품질 저하에 따른 한국이나 제3국 기업 및 현지 외부 기업에서 구매하는 비중이 높기 때문에 나타난 것이라 할 수 있다.

이와 같이 세부 항목별 갈등 정도를 고려할 때 한국 기업들의 해외합작에 있어서 우선적으로 고려하여야 할 분야가 재무적 분야에 대한 파트너와의 의견 교환이며, 합작 계약에 대한 탄력적인 적용이 가능하도록 사업 초기에 명시하는 것이 필요하다. 또한 합작이라는 것이 항상 변화하는 조직구조라는 것을 고려하여 상대방과의 협력 강화를 통한 탄력적인 조직운영이 중요하다는 것을 시사한다.

업종별로 살펴보면 목재·가구(0.37)업종이 가장 갈등의 발생 빈도가 높았으며 그 다음이 섬유·의복(0.3)의 순서로 나타났다. 특히 목재·가구 분야에서는 원목에 대한 투자 현지국의 원자재 유출 및 반출 금지(인도네시아 및 말레이시아 등) 등에 따른 파트너의 역할 미비와 정부 측의 장애 요인 때문에 갈등 정도가 높은 것으로 지적되었다(2개 업체는 아예 이 요인들 때문 철수하였음). 기업 규모 면에서는 중·소기업의 갈등(0.24 대 0.32)이 대기업보다 낮은 것으로 나타났다.[5]

---

5) 대한상공회의소, 전게서(1993. 12), pp.108-109. 단독과 합작을 구분하지 않을 경우 중소기업이 대기업보다 갈등이 높게 나타난다. 단 마케팅 분야에

4. 合作 파트너의 寄與程度

합작 파트너가 합작 사업에 기여하는 정도를 평가한 결과는 〈표 4-4〉와 같다. 현지 파트너가 합작 사업에 기여하는 정도는 47%로 합작 사업의 경영성과나 사업 운영에 중간 정도의 기여를 하고 있는 것으로 나타났다.

〈표 4-4〉 세부 항목별·업종별 기여 정도

갈등 요소 \ 업종	음식료업	섬유의복	신발가죽	목재가구	석유화학	비금속광물	1차금속	조립금속	기계장비	기타제조	합계
현지 시장의 빠른 진입	4.25	4.00	5.00	2.33	4.80	4.78	5.50	4.06	3.75	3.33	4.14
저임 노동력 확보	5.50	5.00	5.83	4.00	4.30	5.33	5.00	4.12	4.75	3.58	4.67
원자재 공급에 기여	4.50	3.50	2.33	2.67	4.20	4.44	4.00	3.06	3.75	2.58	3.47
현지경영실태 지식제공	4.25	4.04	4.83	3.00	4.10	4.22	5.50	4.18	4.50	4.25	4.20
시장·문화 지식 제공	4.75	4.67	4.83	3.33	4.90	4.78	5.50	4.18	4.50	5.00	4.63
수출기회의 습득	2.88	3.79	3.50	2.33	4.10	2.89	5.00	3.59	3.00	3.58	3.53
기술·장비·설비제공	3.13	2.88	3.00	2.33	3.00	2.22	2.50	3.29	3.25	2.50	2.87
유능한 경영인력확보	3.88	2.92	3.00	2.33	3.00	3.67	4.00	3.18	3.75	2.92	3.17
부족한 자본 보충	3.63	3.71	3.00	2.00	3.30	3.78	4.50	3.41	3.75	3.08	3.54
현지국 기업 이미지 형성	4.88	4.71	4.50	4.00	4.20	4.22	6.00	3.82	4.25	4.08	4.36
전반적인 기여도	0.50	0.49	0.52	0.27	0.51	0.52	0.80	0.43	0.48	0.38	0.47

기여도가 높은 부문은 저임 노동력의 확보(4.67)와 현지국의 시장 및 문화 지식의 제공(4.63), 현지국 기업 이미지 형성(4.36)

있어서는 국내에서의 경험과다로 인한 현지에서의 통제력 수준에 영향을 미치게 됨으로써 대기업이 높다는 것이다. 그리고 중소기업은 마케팅 기능을 전략적으로 중요시하지 않기 때문에 갈등이 일어나지 않는다 하였다.

등이며, 낮은 분야는 기술이나 장비 및 설비의 제공(2.87), 유능한 경영 인력의 확보(3.17) 원자재 공급의 기여(3.47) 등이다. 세부 항목별 기여도를 볼 때 한국 측은 저임 노동력의 확보와 기업경영에 필요한 시장 지식을 습득하는 데 있어서 상대 파트너의 역할을 중시한다는 것이다. 이에 비해 설비 및 기술의 제공, 유능한 인재의 확보 등의 비중은 낮다고 조사되었는데 이는 주된 진출 시장이 개도국이며 한국에서 원자재를 공급하거나 생산 설비 등을 가져가는 경우가 많기 때문이라 할 수 있다.

판매 시장별 차이를 보면 전반적인 기여도는 차이가 없으나 (0.47 대 0.50)나 세부 항목에서는 차이를 보이고 있다. 내수 시장에 대한 판매 비중이 높은 기업(50% 이상)일수록 현지 시장이나 문화 지식의 제공(4.91), 저임 노동력 확보 (4.71), 현지 기업 이미지 형성(4.40) 등이 중요하며, 기술이나 장비·설비의 제공(2.54)이 가장 낮게 나타났다. 이에 비해 제3국 시장에 대한 수출 비중이 50% 이상인 기업에서는 저임 노동력의 확보(4.92)와 현지 시장이나 문화 지식의 제공(4.60), 현지 경영 실태에 관한 지식의 제공(4.50) 등의 순으로 나타났다.

5. 韓國 母企業의 研究開發費 比重

한국 모기업의 연구개발비 비중은 전반적으로 상당히 낮은 것으로 조사되었다. 전체 표본 95개 기업 중 73%에 해당되는 70개 기업만이 연구개발비를 지출하고 있으며 그 비중도 매출액 대비

0.01%에 불과하여 기술부문의 자본 투자가 상당히 뒤떨어져 있음을 알 수 있다. 이러한 결과는 합작으로 진출한 한국 기업들의 과반수 정도가 노동집약적 업종에서 중·소기업을 중심으로 국내의 노후설비판매를 주 목적으로 하였기 때문이라 생각된다.

6. 韓國 母企業의 國際化 經驗

한국 모기업의 국제화 경험을 수출이나 해외직접투자 등으로 처음으로 국제시장에 참여한 년도로 질문한 결과 12년 7개월로 조사되었다(〈표 4-5〉 참조). 전체 평균과는 달리 10년 미만인 업체가 60.0%인 57건(이들 중 5년 이하인 기업도 24건 25.3%임)을 차지하고 있어 과반수 정도의 기업들이 최근에 들어서야 본격적인 국제 사업 활동에 참여하기 시작한 것으로 나타났다. 이러한 현상은 주로 중·소기업들이 국내의 임금상승에 따른 경쟁력 약화에 대처하기 위한 방안으로 저임금의 개도국 시장에 진출하는 경우가 많았기 때문이라 생각된다.

〈표 4-5〉 한국 기업들의 업종별 국제화 경험 정도

년도 \ 업종	전체	음식료업	섬유의복	신발가죽	목재가구	석유화학	비금속광물	1차금속	조립금속	기계장비	기타제조
국제경험 년수	12.73	10.75	12.00	17.83	15.33	14.70	14.22	10.50	13.00	8.00	11.08

第2節 合作投資의 成果

1. 主觀的 滿足度程度

1) 한국 기업 담당자의 세부항목별·업종별 종합 만족도 정도

합작 사업에 대한 한국 측 사업 담당자들의 주관적인 만족도를 조사한 결과는 〈표 4-6〉과 같으며 7점 척도에서 보통보다 다소 높은 4.55를 보이고 있다. 12개 세부 항목에 대하여 가장 높은 만족도를 보이는 것은 합작회사에 대한 평판(4.92)이며 그 다음이 상호 신뢰성 구축과 장기적 사업 토대의 마련(4.82)으로 나타났다. 그리고 합작회사에 대한 매출액(4.19)이나 수익률(3.63), 시장점유율(4.02) 등의 재무적 성과 차원에 있어서는 평균보다 낮은 수치를 보이고 있는 것으로 조사되었는데 그 원인으로는 한국 기업들의 합작 사업이 아직 본격적인 궤도에 오르지 않았기 때문에 나타난 결과라 할 수 있다. 재무적 성과 지표는 낮은 반면에 상호 신뢰성의 구축과 장기적 사업 토대의 마련 등에서 좋은 평가를 받았다는 사실에서 알 수 있다. 또한 한국 기업들의 특성상 재무 지표에 대해서는 의식적으로 과소평가하거나 금액을 줄여 보고하는 특성을 보이기 때문이기도 하다. 12개 항목을 모두 고려한 전반적인 만족도가 높다는 것은 다른 연구 결과와도 일치한다. 대외경제정책연구원에서 발표한 자료[6]에 따르면 동남아 진출 기업들의 대부분은 투자 결정에 대하여 긍정적으로 평가하고 있으며 현 사업에 대한 만족도도 중국이나 대양주, 서남아 등에서 높게 나타나고 있다. 그리고 중소기업진흥공단의 연구(1991)에서도 전체 표본의 70.6%가 만족감을 표시하는 것으로 조사되었다.

<표 4-6> 업종별·항목별 만족도 정도

만족도 항목들 ＼ 업종별	음식료업	섬유의복	신발가죽	목재가구	석유화학	비금속광물	1차금속	조립금속	기계장비	기타제조	합계
합작회사의 매출액	4.38	4.67	4.83	2.00	4.10	4.33	4.50	4.00	4.75	3.33	**4.19**
현지 시장 점유율	4.38	4.10	4.80	3.33	4.10	4.50	4.50	3.59	3.75	3.75	**4.02**
합작회사의 수익률	4.62	3.87	4.00	2.33	3.30	3.33	4.50	3.65	3.00	3.17	**3.63**
제품디자인 능력	3.63	3.91	4.50	3.67	3.67	3.63	4.00	3.59	4.25	2.67	**3.66**
제조 및 품질관리능력	3.00	4.57	4.67	3.33	4.10	3.56	4.00	4.59	3.75	3.42	**4.15**
노동생산성	3.63	4.21	4.83	3.33	4.20	3.56	4.50	4.12	4.50	3.58	**4.03**
합작회사의 평판	5.25	5.04	4.80	5.00	4.90	5.00	5.00	5.06	4.75	4.33	**4.92**
현지유통경로의 접근	4.62	4.38	4.40	3.67	4.60	4.33	5.50	3.71	4.25	3.50	**4.18**
대고객서비스 정도	4.00	4.77	5.00	2.67	4.20	4.13	5.00	4.29	4.75	3.75	**4.32**
장기적 사업토대의 마련	4.00	5.12	5.20	4.33	4.20	4.89	5.00	4.82	5.00	4.67	**4.77**
예산이나 원가통제	3.55	4.88	5.33	3.33	4.60	3.67	4.50	4.47	4.25	3.92	**4.37**
상호 신뢰성 및 유대관계	4.63	5.04	5.67	4.33	4.80	4.11	5.50	4.71	5.25	4.67	**4.82**
전반적인 만족도	4.75	4.79	5.00	4.00	4.30	4.56	5.50	4.41	4.25	4.17	**4.55**
외국합작선의 만족도	5.25	4.63	5.33	3.00	4.50	4.44	6.00	4.35	4.25	4.42	**4.58**

---

6) 김시중·민윤기·유재원, "해외직접투자의 현황과 정책과제", 「대외경제정책연구원」, (1992. 9), p.45.

2) 한국 측 담당자가 평가한 현지 파트너의 만족도

한국 측의 평가자와 현지국 파트너의 합작 투자에 대한 성과 평가는 상이할 수 있다. 정확한 현지 파트너의 만족도는 당사자에게 직접 질문하여야 하지만 합작사업의 특성상 상대방과의 공동사업경영을 통하여 상대방 파트너의 만족도를 평가할 수 있다는 점을 고려하여 한국 기업 측에서 평가한 파트너의 주관적인 만족도를 조사하였다. 조사 결과 한국 기업과 거의 차이가 없다고 나타났다(4.55 대 4.58). 중소기업진흥공단의 연구(1991)에서도 한국 측 담당자가 느끼는 상대방 파트너에 대한 만족도를 질문한 결과도 한국 측 담당자와 비슷한 결과를 보이고 있다.

2. 最近 3년간 賣出額 成長率(成長性)

최근 3년간 매출액 성장률은 54%로 조사되었다. 업종별로 살펴보면 가장 성장률이 높은 업종은 기계·장비업으로서 201%의 놀라운 성장률을 보이고 있다.[7] 그리고 성장률이 가장 낮은 업종은 목재·가구업(13%)이며 그 다음이 음·식료업(26%)으로 나타났다. 현지 시장에서의 광고 실시 여부에 따른 결과는 광고를 실시하고 있을수록 높은 성장률을 보이고 있다(63% 대 43%). 그리고 노사 분규가 없는 기업일수록 성장률이 훨씬 높은

---

7) 이러한 결과는 표본 수가 적고(4건) 이들 중 한 기업의 경영성과가 700%에 이르고 있기 때문에 나타난(제일 적은 기업은 3%임) 것이라 볼 수 있다.

것(55.6%:18.9%)으로 나타나 현지 종업원과의 유대관계 형성이 중요하게 부각되고 있음을 알 수 있다.

3. 最近 3년간 平均 純利益(收益性)

3년간 평균 순이익은 1,178,606달러로 조사되었다. 가장 순이익이 높은 업종은 기계·장비업(5,494,250달러)이며 그 다음이 1차 금속(4,510,000달러) 비금속광물(2,355,502달러)의 순서이다. 순이익이 적자를 보이는 업종도 두 개가 있는데 이는 석유·화학(−371,440달러)과 기타 제조(−179,683달러)로 나타났다. 이들 업종은 하나 혹은 두 개의 업체가 당기 순손실이 너무 많기 때문에 나타난 결과라고 생각되며 전체적으로는 순이익이 흑자인 상태라고 응답하였다.

第3節 構造方程模型의 適合性檢證

본 절에서는 〈그림 3-2〉에서 제시한 구조방정식모형에 대한 모형의 적합성 여부와 이론변수를 측정하기 위한 측정변수들의 측정오차 및 측정계수들을 제시하였다. 독립변수와 종속변수 간의 경로계수 및 인과관계는 〈그림 4-1〉에 제시되어 있다.

1. 模型의 適合性檢證

LISREL 모형의 전체적인 적합성을 판단할 수 있는 기준에는 여러 가지가 있다. 가장 많이 쓰이는 것이 카이 스퀘어($\propto x^2$: 적을수록 좋음)이며 그 외에도 GFI(Goodness of Fit Index: 주어진 모델이 자료의 분산/공분산을 얼마나 잘 설명하느냐의 여부로서 0.9 정도나 그 이상이면 적합함), AGFI(Adjusted Goodness of Fit Index: GFI에 자유도를 고려한 것으로 0.9 정도나 그 이상), RMR(Root Mean Square: 실제 자료값과 모델에 의해 산출된 값 간의 차이를 표준화한 개념으로서 낮으면 낮을수록 좋으며 0.05 이하면 충분함), QPLOT(잔차의 분포가 선형을 가지면 좋음) 등이 있다.[8]

본 연구에서는 모형의 적합성을 판정하는 기준으로서 GFI, RMR QPLOT 등을 이용하였다. Chi-square 값이 높아 유의수준에 못 미치고 있으나 이는 유효표본 수가 적음으로 인해서 생기는 문제이기에 적합성의 판단 지표로 사용할 수가 없었다. 그리고 GFI 지수는 0.90으로 모형의 적합성에 충족되고 있으며 RMR 역시 충분한 부합도가 있는 것으로 조사되었다. 그리고 QPLOT[9] 역시 거의 선형으로 조사된 것으로 판단할 때 표본 숫자의 부족으로 인한 Chi-square 값은 기준에 충족되지 못한다 하더라도 전체적인 모형의 적합성 판정에는 만족스럽다고 평가할 수 있다(〈표 4-7〉 참조).

---

8) Richard B. Bagizzi and Youjae Yi, "On the Evaluation of Structural Equation Model", *Academy of Marketing Science*, 16 (Spring 1988), pp.74-94.
9) 부록을 참조할 것.

〈표 4-7〉 적합성 판단 지표

MEASURES OF GOODNESS FIT FOR THE WHOLE MODEL CHI-
SQUARE WITH 39 DEGREES OF FREEDOM＝90.73 (P＝0.030)
GOODNESS FIT INDEX＝0.90
ADJUSTED GOODNESS FIT INDEX＝0.80
ROOT MEAN SQUARE RESIDUAL＝0.051

2. 母數推定結果

독립변수들과 종속변수 간의 관계 및 이들 변수들을 측정하기 위한 측정변수[10]들의 측정오차 등을 제시하면 〈그림 4-1〉과 같다. 표시된 숫자 중 앞의 숫자는 경로계수이며 괄호 안의 숫자들은 T-값이다.

〈그림 4-1〉 구조방정식모형의 경로계수

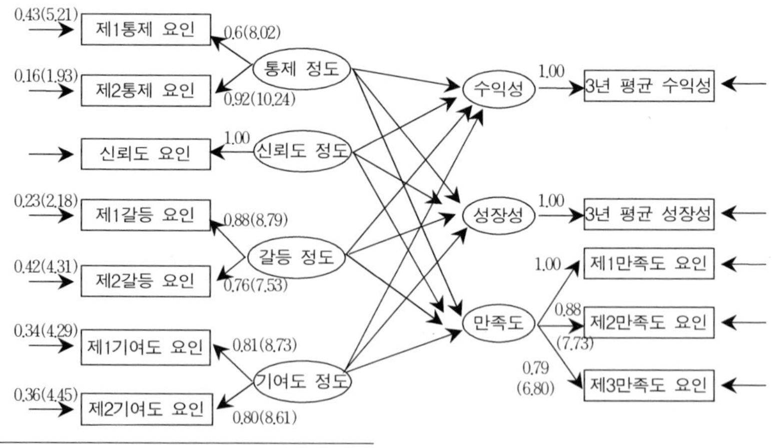

---

10) 측정변수들의 자세한 내용과 측정 방법 등은 제3장 제2절을 참조할 것.

독립변수와 종속변수들 간의 상호 작용관계는 〈그림 4-2〉에 자세히 표시되어 있다. LISREL에서의 모수추정방법에는 여러 가지가 있으나 본 연구에서는 최우추정법(Maximum Lokelihood Estimation)을 이용하였다. 각 모수의 추정 계수들을 자세히 나타내면 〈표 4-8〉과 같다.

〈표 4-8〉 구조방정식모형의 경로계수 및 T-값

모수	가 설	관 계	경로계수	T-값
r11	가설 1-2(정의 관계)	통제와 수익성	-0.19	-1.60
r12	가설 2-2(정의 관계)	신뢰성과 수익성	-0.13	-0.87
r13	가설 3-2(부의 관계)	갈등과 수익성	-0.33	-2.61**
r14	가설 4-2(정의 관계)	기여도와 수익성	0.35	2.04*
r21	가설 1-3(정의 관계)	통제와 성장성	0.14	1.18
r22	가설 2-3(정의 관계)	신뢰성과 성장성	-0.68	-4.71**
r23	가설 3-3(부의 관계)	갈등과 성장성	-0.52	-3.99**
r24	가설 4-3(정의 관계)	기여도와 성장성	0.57	3.22**
r31	가설 1-1(정의 관계)	통제와 만족도	0.56	5.97**
r32	가설 2-1(정의 관계)	신뢰성과 만족도	0.33	2.58**
r33	가설 3-1(부의 관계)	갈등과 만족도	-0.27	-2.46*
r34	가설 4-1(정의 관계)	기여도와 만족도	0.45	3.04**
β 31	수익성이 만족도에 미치는 영향	수익성과 만족도	0.18	2.61**
β 32	성장성이 만족도에 미치는 영향	성장성과 만족도	0.06	0.67
φ 21	독립변수 간의 관계	통제와 신뢰도	-0.25	-2.31*
φ 31	독립변수 간의 관계	통제와 갈등	-0.09	-0.70
φ 41	독립변수 간의 관계	통제와 기여도	-0.44	-4.09**
φ 32	독립변수 간의 관계	신뢰도와 갈등	-0.22	-1.99*
φ 42	독립변수 간의 관계	신뢰도와 기여도	0.57	5.42**
φ 43	독립변수 간의 관계	갈등과 기여도	0.22	1.77

주: *는 95%의 유의수준, **는 99% 유의수준임.

第4節 組織特性變數 및 寄與度와
成果와의 假說檢證

합작 기업체에 대한 한국 측의 통제 정도와 파트너와의 갈등 및 신뢰성 정도와 기여도 정도가 합작 기업의 성과(만족도 및 수익성과 성장성: 가설 1-4)에 미치는 영향을 LISREL 분석을 통하여 검증하였다. 모형의 실증결과 조사된 독립변수들과 종속변수들 간의 경로계수 및 T-값을 표시하면 〈그림 4-2〉와 같다.

〈그림 4-2〉 독립변수와 종속변수 간의 경로계수

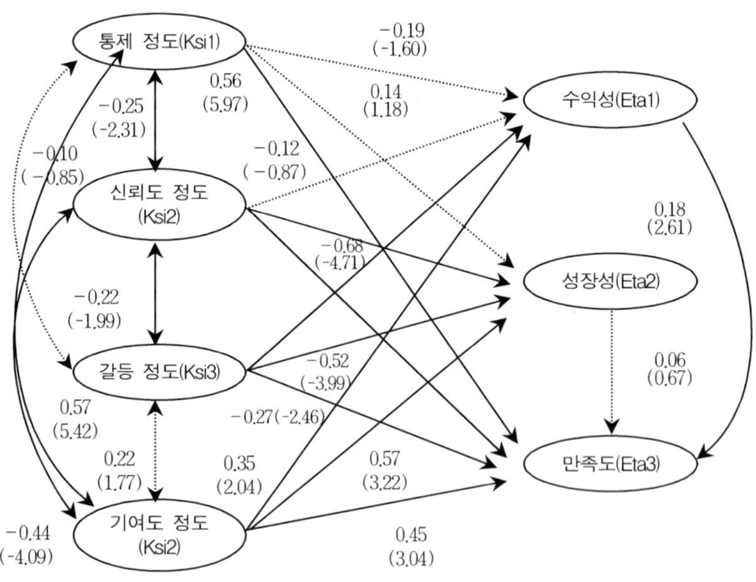

주: 독립변수로 쓰인 통제, 갈등, 신뢰도, 기여도가 성과에 미치는 영향만을 표시한 것이다. 실선으로 표시된 것이 통계적으로 유의한 변수(점선은 유의하지 않은 변수임)이며 괄호 안의 숫자는 T-값이다.

1. 主觀的 滿足度에 관한 假說檢證

조직 특성변수들인 한국 측의 통제 정도(정의 효과: 가설 1-1)
와 파트너에 대한 신뢰성 정도(정의 효과: 가설 2-1), 파트너와
의 갈등 정도(부의 효과: 가설 3-1)와 파트너 특성인 파트너의
기여도 정도(정의 효과: 가설 4-1)가 만족도에 영향을 미칠 것이
라는 가설 검증의 구조방정식모형의 결과는 〈그림 4-2〉와 같다.

1) 통제 정도와 만족도의 관계

한국 측의 통제 정도가 높을수록 주관적인 만족도는 높을 것
이라는 가설 검증(가설 1-1)을 위한 실증결과 계수 값이 0.56이
고 t값이 5.97로서 99% 신뢰성하에서 지지되었다. 즉 한국 측이
합작 사업의 4P 분야(제1통제 요인: 제품디자인, 광고 및 촉진정
책, 품질부문 제품가격 유통정책 등에 대한 통제)와 노무 및 원
가관리(제2통제 요인: 고용과 해고, 임금 및 노무관리정책, 비용
이나 원가 및 예산부문)에 대한 통제력을 강화하면 할수록 한국
측이 평가한 주관적인 만족도는 높다는 것이다.[11] 이철의 연구
(1991)와 곽무섭(1991) 및 박석호(1995)의 연구에서도 한국 측의
통제 정도와 한국 측이 평가한 만족도 사이에는 정의 관계를 보
이고 있다. 이러한 결과는 한국 기업의 입장에서 통제 정도와 만
족도를 평가한 것이라는 사실에 유의해야 한다.

---

11) 자세한 세부 항목 및 내용은 제3장 제2절을 참조할 것.

박의범[12]의 연구처럼 외국 파트너의 통제권이 강할수록 한국 측의 만족도에 부의 영향을 미친다는 결과에 주목할 필요성이 있다. 즉 합작이라는 것이 파트너와의 지속적인 유대관계의 유지가 중요하다는 사실과 파트너의 통제 정도가 기여도 및 신뢰성 변수에 부의 관계를 보인다는 사실을 고려한다면 한국 측의 일방적인 통제권의 강화에 대한 새로운 시각을 갖는 것이 필요하다. 〈표 4-8〉의 φ 지수는 외생변수들(일반적으로는 독립변수임) 간의 상관관계로서 이들 변수들 간의 분산이나 공분산 정도를 나타내는 것이다. 이들 중 통제와 신뢰성 및 기여도 간의 부의 관계와 신뢰성과 갈등 간의 부의 관계 그리고 신뢰성과 기여도 간의 정의 상호 작용관계가 있다는 의미이다.

2) 신뢰성과 만족도의 관계

파트너에 대한 신뢰성이 높을수록 만족도는 높을 것(가설 2-1)이라는 가설을 검증한 결과 경로계수는 0.33이며 t값이 2.58로서 99% 신뢰성하에서 지지되었다. 이러한 결과는 이장호(1989)와 박석호(1995) 등의 연구와 일치하고 있다. 신뢰성이라는 것은 파트너에 대한 기업운영능력, 기회주의행동의 억제, 합작계약내용에 대한 준수 노력 등을 의미한다. 그리고 신뢰성과 주관적인 만족도의 관계는 이들이 주관적인 만족도에 직접적인 영향을 미칠

---

12) 박의범, "국제합작 투자의 특질과 성과에 관한 실증적 연구", (박사학위논문, 고려대학교, 1988, 12), p.145. 한국 측이 평가할 경우 외국 기업의 통제 정도가 높을수록 이익투자율에 대한 불만족도가 높다고 조사되었다.

뿐 아니라 갈등의 감소를 통한 만족도의 향상에 간접적인 영향을 미친다는 것을 고려하여야 한다. 〈표 4-8〉에서 보듯이 상대 파트너에 대한 신뢰성의 증가는 파트너와의 갈등(계수는 -0.22, t값은 -1.99)을 줄이는 데도 영향을 미치기 때문이다.

그리고 파트너에 대한 신뢰성의 강화가 한국 측의 일방적인 통제권을 지양하고 소수 지분을 선택하게 한다(계수는 -0.25, t값은 -2.31). 이와 같이 합작 투자에 있어서 파트너 간의 신뢰성의 형성은 주관적인 만족도에 정의 직접적인 영향을 미칠 뿐 아니라 최근에 대두되고 있는 조직 관리 차원에서 신뢰성의 형성을 통한 조직 효율성의 증가(갈등의 감소 및 어느 일방의 통제권 양보에 따른 탄력적 조직운영 가능)에도 영향을 미친다는 주장과 일치한다 하겠다.[13]

3) 갈등과 만족도와의 관계

파트너와의 갈등이 많을수록 만족도는 낮을 것이라는 가설(가설 3-1)을 검증한 결과 경로계수는 -0.27이며 t값이 -2.46으로서 95% 신뢰성하에서 지지되었다. 합작 사업에 있어서 갈등이라는 것은 기업운영 부문(원자재 구입비율 문제, 최신기술이전 문제, 투입물의 가격 및 품질 문제 등)과 합작 사업의 결과에 대한 재평가부문(이익분배조건이나 계약조항의 변경, 고용 및 해고부문)에 대한 상대 파트너와의 갈등을 의미한다. 합작이라는 것이

---

13) 자세한 내용은 제2장 제3절 5항을 참조할 것.

118

파트너와의 공동경영을 통한 시너지 효과의 창출과 탄력적인 조직운영이 필요하다는 것을 고려할 때 파트너 간의 갈등의 존재는 평가자의 개인적 편견이 개입될 수 있는 주관적인 만족도와는 직접적인 부의 상관관계가 존재한다는 것이다. 이러한 결과는 대부분의 외국논문의 결과와 일치한다. 합작 기업에 대한 전화 면접 과정에서 알 수 있듯이 한국 기업들도 파트너와의 갈등으로 인해 사업을 철수한 경우가 6건 그리고 단독으로 전환한 경우가 5건 있었다는 사실을 고려할 때 갈등의 존재는 합작 사업의 존속 자체에 대한 심각한 장애 요인이 될 수 있다는 것을 시사한다.

합작 사업의 주관적인 만족도에 직접적인 부의 영향을 미치는 합작 파트너와의 갈등을 줄이기 위해서는 합작 파트너와의 신뢰성을 형성하는 것이 필요하다. 즉 〈표 4-8〉에서 보듯이 갈등과 신뢰성과는 −0.22의 부의 경로계수를 가지고 있으며 t−값이 −1.99로서 부의 관계를 보이고 있다. 그리고 상대방과의 신뢰성 형성에 있어서 중요한 것은 상대 파트너와의 지속적인 유대 관계의 형성을 통하여 신뢰성이 형성된다는 인식하에서 장기적으로 파트너와의 신뢰성을 형성하기 위한 노력이 요구된다. 또한 갈등을 줄이기 위한 하나의 대안으로 파트너를 선택할 때 전혀 모르는 기업보다는 과거의 공동사업경험이 있는 기업을 선택하는 것이 도움이 될 수 있다는 것이다.[14] 즉, 이들과의 합작은 과거의

---

[14] 과거의 공동사업경험이 있는 업체(자세한 것은 부록 참조)일수록 갈등은 적은 것으로 조사되었다. 전반적인 갈등 정도와 과거의 공동사업경험과의 상관관계는 95% 신뢰성하에서 −0.2140으로 조사되었다. 공동사업경험 유무에 따른 신뢰도와 갈등 및 통제 정도의 차이에 관한 t−검증은 〈부록 2〉를 참조할 것.

공동사업경험을 통하여 상대방에 대한 이해력과 신뢰성을 형성하는 것이 모르는 기업보다 쉬울 수 있으며 과거의 경험을 바탕으로 문제 해결에 보다 쉽게 접근할 수 있기 때문이다.[15)]

4) 기여도와 만족도의 관계

합작 사업에 있어서 기여도라는 것은 현지 시장이나 문화에 대한 지식제공 및 현지국 기업 이미지 형성, 현지 경영 실태에 관한 지식 등의 진입기여 부문과 기술이나 장비 및 유능한 경영자의 확보, 부족한 자본 보충 등의 현지에서의 운영기여 부문에서의 상대 파트너의 기여 정도를 의미한다.

합작 파트너가 합작 사업에 기여하는 정도가 많을수록 만족도는 높을 것이라는 가설(가설 4-1)을 검증한 결과 경로계수는 0.45이며 t값이 3.04로 99% 신뢰성하에서 지지되었다. 기존 연구들 중에서는 박의범의 연구(1988: 한국 측에서 외국 기업의 기여도의 증가가 만족도를 향상시킴)와 Lane and Beamish(1990), 이철과 Beamish(1991), 곽무섭(1991) 등과 일치하고 있다. 이와 같이 상대 파트너의 기여도 증가가 만족도를 증가시킨다는 결과는 합작의 본질이 파트너 간의 자원 결합을 통한 시너지 효과의 구축에 있다는 것을 고려할 때 당연한 것이라 생각된다. 또한 상대

---

15) 공동사업업자의 합작에 있어서 중요한 것은 상대방의 제안만 믿고 충분한 사전 조사 없이 합작을 한다는 것은 기업의 실패를 가져올 수 있다는 점을 고려하여야 한다. 모 중견기업이 수출대리인의 제안에 따라 사전 조사 없이 합작 공장을 건설하였으나 공장건설 직후 사업 목적의 상실(관세 면제)을 통해 성과 없이 철수한 경우가 타산지석이 될 수 있다.

파트너의 기여도의 증가는 다시 파트너에 대한 신뢰성을 구축하는 데 도움이 될 수 있다는 것을 고려하여야 한다. 즉 〈표 4-8〉에서 보듯이 기여도와 신뢰성과의 φ 지수는 측정계수가 0.57이며 t-값은 5.42로서 정의 유의한 관계를 보이고 있다.

2. 收益性에 대한 假說檢證

1) 갈등과 수익성

파트너와의 갈등이 많을수록 수익성은 낮을 것이라는 가설(가설 3-2)을 검증한 결과 경로계수는 −0.33이며 t값이 −2.61으로서 99% 신뢰성하에서 지지되었다. 합작 기업의 기업운영 부문(원자재나 부품의 구입 비율 및 마케팅 관련 문제 그리고 인적 자원들의 직위 문제 등)과 합작 사업의 운영 결과에 대한 재평가(이익금의 분배 조건 및 계약조항들의 법적인 해석이나 변경 문제, 파트너의 기여도에 대한 재평가 문제 등) 부문에서의 파트너 간의 갈등의 존재는 기업의 당기 순이익과는 직접적인 부의 관계를 보인다는 것이다.

2) 기여도와 수익성

상대 파트너의 기여도가 높을수록 수익성은 높을 것이라는 가설(가설 4-2)을 검증한 결과 경로계수는 0.35이며 t값이 2.04로서 95% 신뢰성하에서 지지되었다. 즉 상대 파트너가 합작 기업에 필요한 운영기여와 진입기여 부문에서 많은 기여를 하면 할수록 합작 기업의 수익성은 향상된다는 것이다. 곽무섭의 연구(1991) 역시 성장률과 수익률 지표(엄밀하게는 주관적인 평가 지표로서 본 연구와 차이가 있음)를 가장 잘 설명할 수 있는 것이 파트너의 기여도라 하였다.

결국 상대 파트너 기여도의 역할은 한국 기업들에게 운영기여 부문과 진입기여 부문에서의 부족한 자원 보완을 하게 하며 이는 결국 한국 기업들이 보유하고 있는 자원과의 결합을 통한 시너지 효과를 창출하게 함으로써 합작 기업의 수익성 향상에 기여할 수 있다는 것이다. 또한 상대 파트너의 높은 기여도는 합작 파트너에 대한 신뢰성의 형성을 통하여 조직 관리 차원에서의 효율성(갈등 감소)을 증가시킴으로써 성과 향상에 간접적인 영향을 미친다는 것을 고려한다면 성과에 미치는 직접적인 효과는 더욱 증가될 수 있을 것이다.

3. 成長性에 대한 假說檢證

1) 갈등과 성장성

파트너 간의 갈등이 많을수록 성장성은 낮을 것이라는 가설 (가설 3-3)을 검증한 결과 경로계수는 −0.52이며 t값이 −3.99로

122

서 99% 신뢰성하에서 지지되었다. 파트너 간의 갈등의 존재는
기업운영에 있어서의 마찰과 쌍방의 이해관계의 상충 등으로 인
한 경영에서의 부조화와 더불어 공동경영이 필수적인 합작에 있
어서 상대 파트너로부터 충분한 협력을 이끌어 낼 수 없게 함으
로써 성과에는 부정적인 영향을 미친다는 것이다.

2) 기여도와 성장성

상대 파트너의 기여도가 높을수록 성장성은 높을 것이라는 가
설(가설 4-3)을 검증한 결과 경로계수는 0.57이며 t값이 3.22로
99% 신뢰성하에서 지지되었다. 상대 파트너가 현지 시장이나 문
화에 관한 지식을 제공하고 기술이나 장비 및 유능한 경영자를
제공하는 등의 기여도의 증가는 매출액 성장률을 향상시키는 데
도움이 된다는 것이다.

3) 신뢰성과 성장성

파트너에 대한 신뢰성이 높을수록 성장성은 높을 것이라는 가
설(가설 2-3)을 검증한 결과 가설과 정반대되는 결과(경로계수
는 -0.68이며 t값이 -4.71로서 99% 신뢰성을 보임)를 보이고
있다. 이러한 결과는 제2장 제3절에서 살펴본 기존 연구들과는
상반된 것이다. 즉 신뢰성의 형성이 조직구조의 효율성을 향상시
킴으로써 성과에 간접적인 영향을 미칠 뿐 아니라 상대 파트너

에 대한 기회주의 행위의 억제 및 성과에 직접적인 영향을 미친다는 지적과 정반대되는 것이다. 실증결과 파트너 기업에 대한 신뢰성과 성장성 간의 부의 관계를 보인 원인에 대해서는 다음과 같은 해석이 가능하다.

첫째, 한국 기업들의 특성 때문이라 할 수 있다. 진출 목적이 현지 시장에 대한 내수 시장 공략보다는 가격경쟁력의 확보를 통한 제3국 시장 진출이 많으며 OEM 업자의 요청에 따른 현지 시장 진출이기에 성장성이나 수익성 등은 임금이나 세계시장 경기 등의 외부 환경이나 OEM 업자의 주문량 등에 달려 있기 때문이다.16) 이와 같은 한국 기업의 특성은 합작 기업의 성장성을 파트너와의 상호 작용을 통한 신뢰성보다는 외부 환경에 더 많이 의존하게 하는 결과를 가져오기 때문이다.

둘째, 평가 기준이 상이하거나 결정 요인이 다르기 때문이다. 신뢰성이라는 요인은 파트너와의 장기적인 상호 작용17)을 통하여 형성되는 것으로서 파트너와의 유대 관계가 제일 중요하다. 그에 비하여 성장성이라는 것은 해당 제품에 대한 시장 경기나 경쟁상황 등에 커다란 영향을 받기 때문이다. 그리고 파트너에 대한 신뢰성이 높아진다는 것은 곧 현지 시장에서의 지속적인 사업을 통한 사업 기반의 안정도가 높아진다는 의미이기도 하다. 따라서 현지 시장에서의 사업 안정도는 매출액 성장성의 안정성

---

16) 현지 판매 비중이 높은 기업(내수 판매 비중이 50% 이상인 기업)일수록 신뢰도와 성장률과의 상관관계는 낮아지는 반면(−0.1484) 제3국 수출 비중이 높은 기업일수록 부의 상관계수(−0.2298 90%신뢰성 하)는 높게 나타난다.

17) 사업 지속 기간과 신뢰도와는 약하지만 정의 상관관계(0.0468)를 보이고 있다.

이나 정체성을 가져올 수 있다는 것을 고려한다면 신뢰성과 성장성 간의 부의 관계를 보일 수 있다는 해석이 가능하다.

그러나 기존 논문들에서는 신뢰도와 성과와의 부정적인 관계에 대한 실증 연구가 없다는 것을 고려할 때 이 분야에 대한 자료의 보완과 반복적인 연구를 통한 실증결과의 재평가가 요구된다.

第5節 母企業 特性과 成果와의 假說檢證

1. 母企業의 研究開發費用과 成果와의 關係

모기업의 연구개발비용이 많을수록 신제품의 개발과 제품 성능 및 기업의 경쟁우위 향상을 바탕으로 다른 기업들과의 경쟁에서 앞서갈 수 있기 때문에 성과에 정의 영향을 미칠 것이다 (가설 5).

합작 기업의 경우에서는 상대방 파트너의 연구개발능력 등도 포함하여야 하나 연구 실행에 따르는 비용과 시간상의 문제점, 그리고 한국 기업 측의 비협조성 등으로 인하여 합작 파트너의 능력은 제외하며, 한국 모기업의 연구개발비용과 성과 간에는 정의 관계가 있다고 할 수 있다. 연구개발비용과 성과와의 상관관계 분석의 결과는 〈표 4-9〉와 같다.

연구개발비용과 성과와의 상관관계 분석의 결과를 보면 수익성을 제외한 만족도와 성장성에는 정의 상관관계를 보임으로써

연구개발비용의 증가는 성과를 향상시키는 결과를 가져온다고
할 수 있다. 특히 성장성 변수에 대해서는 연구개발비용의 증가
가 99%의 통계적 유의성을 가지고 영향을 미치는 것으로 나타
났다.[18] 그리고 연구개발비용과 만족도 및 성장성 변수와 정의
관계가 있다는 것은 지속적인 연구개발을 통한 품질의 개량과
제품성능개선 및 기업의 경쟁우위 향상은 사업성과에 정의 영향
을 미친다는 것이다.

〈표 4-9〉 모기업특성과 성과와의 상관관계 분석 결과

변 수	국제화 경험	연구개발비용	만족도	성장성	수익성
국제화 경험	1.0000				
연구개발비용	.0127	1.0000			
만족도	.1212	.0362	1.0000		
성장성	.0639	.2870**	.0843	1.0000	
수익성	.2440*	−.0195	.2517	.0169	1.0000

주) 유의수준 * P⟨0.05, ** P⟨0.01.

　이러한 결과는 현재의 순이익보다 장기적 성장률을 중시하는
기업들이라면 연구개발 활동 부문에 대한 지속적인 투자가 필요
하다는 것을 시사한다. 또한 한국 기업 측의 연구개발 활동의 강
화를 통한 기술수준의 발달은 현지국 파트너와의 결합을 통한
시너지 효과를 창조하는 데 중요한 역할을 하기 때문에 수익성

---

18) 연구개발비용에 영향을 미칠 수 있는 기업규모 변수(상관관계는 0.2052)를
　　통제변수로 하여 연구개발비용과 성과와의 상관관계를 살펴본 결과 통제하
　　기 전과 같은 결과를 가져 왔으며 오히려 상관관계 계수는 다소 높아지는
　　것으로 조사되었다.

향상에 기여할 수 있을 것이다.

2. 國際化 經驗과 成果와의 關係

한국 모기업의 국제화 경험의 증가는 다른 문화권에 대한 제반 지식의 습득 및 타 문화권 근로자들에 대한 인식의 증가 그리고 합작 기업의 운영에 필요한 지식의 활용 및 여러 지역에서의 다양한 통제 경험 등을 통하여 처음 국제 시장에 참여하는 기업들보다 성과가 나을 것이라는 예상을 할 수 있다(가설 6). 따라서 한국 모기업의 국제화 경험을 수출이나 해외직접투자 등의 국제경영 활동에 참가한 연도의 대위 변수로 측정한 다음 성과변수들과의 상관관계를 분석한 결과는 앞 페이지의 〈표 4-9〉와 같다. 상관관계 분석의 결과를 보면 국제화 경험의 증가는 수익성을 향상시키는 데 커다란 영향을 미친다고 나타났다. 하지만 한 가지 고려하여야 할 사항은 한국 기업의 국제합작 투자 경험 유무에 따른 성과의 차이를 조사한 결과 경험 유무에 따른 집단 간 차이는 없는 것으로 나타났다.[19]

결국 한국 기업의 국제화 경험의 증가가 재무적 성과에 영향을 미칠 수 있는 것은 합작 경험을 통한 합작 구조의 조직 효율성보다는 현지에서의 구매자 및 판매자와의 유대 관계나 OEM 업자와의 안정적인 관계 유지를 통한 것이라 판단할 수 있다.

---

19) 〈부록 2〉의 pp. 182-184 참조.

第6節 獨立 및 從屬變數들 間의 相互作用關係

독립변수인 조직 특성변수들과 기여도 및 종속변수인 재무적 지표와 만족도 사이에는 상호 작용이 존재[20]하게 된다. 이들 변수들 간의 상호 작용관계는 〈그림 4-2〉에 표시되어 있으며 〈표 4-8〉에서는 독립변수들 간의 관계는 φ 지수로 종속변수들과의 관계는 β 지수로 표시하였다. 실증결과를 통하여 나타난 변수들 간의 상호 작용관계를 살펴보면 다음과 같다.

1. 信賴性과 葛藤, 統制, 寄與度 間의 關係

파트너에 대한 신뢰성과 관련이 있는 변수는 통제와 갈등, 기여도이다.

첫째, 파트너 간의 신뢰성의 존재는 갈등과 부의관계(-0.22)를 가지고 있는 것으로 나타났다. 이는 Madhok(1995)과 Beamish and Bank(1987) 등이 파트너 간에 장기적으로 구축된 신뢰성이 공동 기업운영에서 발생할 수 있는 갈등을 효율적으로 감소시킬 수 있다는 주장과 일치한다.

둘째, 신뢰성과 통제 정도와는 부의관계(-0.25)가 있다. 즉 파트너에 대한 신뢰성의 증가는 어느 일방의 통제의 강화보다는 신뢰성을 바탕으로 상대 파트너에 대한 통제력을 약화시킬 수

---

20) 자세한 내용은 제2장 제2절 3항과 제3절 5항을 참조할 것.

있다는 것으로 Beamish(1984) 및 Killing(1983)의 주장과 일치한다. 즉, 상대 파트너에 대한 신뢰성의 존재가 어느 일방의 통제권의 강화를 통한 문제 해결보다는 쌍방 간의 신뢰성을 바탕으로 통제권을 양보하더라도 협력분위기를 통하여 오히려 조직구조나 성과가 향상될 수 있다는 것이다.

셋째, 상대 파트너의 기여도와 신뢰성과는 정의 관계(0.57)를 보이고 있는데 이는 박의범(1988) Lane and Beamish(1990), Johnson, Cullen, Sakano and Takenouchi(1996) 등과 일치한다. 이들의 주장은 합작 파트너의 기여도의 증가가 합작 상대방에 대한 신뢰성을 증가시키게 된다는 것이다.

2. 寄與度와 統制 및 葛藤과의 關係

첫째, 상대 파트너가 진입기여 및 운영기여 분야에서의 기여도가 높아질수록 한국 측의 통제 정도와는 부의 관계를 보이는 것(-0.44)으로 실증되었다. 즉, 파트너의 기여도의 증가는 한국 측의 통제권을 약화시킨다는 것으로 Lane and Beamish(1990)의 결과와 일치한다. 상대 파트너의 합작 사업에 대한 기여도의 증가는 곧 합작 파트너에 대한 필요성과 신뢰성을 갖게 하며 이는 다시 탄력적인 조직구조를 형성할 수 있게 함으로써 통제 정도의 약화를 가져올 수 있다는 것이다.

둘째, 상대 파트너의 기여도와 갈등의 관계를 조사한 결과 통계적 유의성은 없으나 정의 관계(0.22)를 보이는 것으로 실증되었다. 이러한 결과는 기여도의 증가가 갈등을 감소시킬 수 있다는 Lane and Beamish(1990)의 연구 결과와 상반되고 있다. 이는 곧 기여도의 증가가 오히려 갈등을 증폭시킬 수 있다는 것으로서 합작 파트너와의 관계 유지나 기여도에 대한 정당한 재평가 작업 그리고 파트너와의 잦은 의사소통을 통한 기여도항목에 대한 의견교환이 필요하다는 반증이기도 하다.

3. 收益性 및 成長性과 滿足度와의 關係

첫째, 합작 사업의 수익성(3년 평균 당기 순이익)의 증가와 만족도 간에는 정의 유의한 상관관계가 있는 것(0.18)으로 실증되었다. 즉 합작 사업의 수익성의 증가는 주관적인 만족도를 향상시킨다는 것으로 Beamish(1988) Osland(1994) 등의 연구 결과와 일치한다. 이러한 결과는 일견 당연한 것으로 합작 사업의 수익성이라는 것이 합작의 하나의 목적이 되며 목적의 달성에 따른 만족도는 향상되기 때문이다.

둘째, 성장성과 만족도와는 미약한 정의 관계는 있으나 통계적 유의성은 없는 것으로 실증되었다.

第7節 組織特性變數들의 決定要因

본 절에서는 합작 기업체의 조직 특성변수들의 결정 요인을 찾아보고자 한다. 기존 논문들을 살펴볼 때 통제의 결정 요인으로는 모기업 특성변수(기업규모, 국제화 정도, 연구개발비 비중)가 영향을 미치고 있으며 지금 파트너와의 과거의 공동 사업경험 유무 그리고 상대방의 협상력의 원천으로써 파트너의 시장 내 위치 및 기여도가 영향을 미치는 것으로 조사되었다. 실증 연구를 통한 이들 변수들의 결정 요인의 규명은 합작 기업의 조직 관리 차원과 성과 향상에 도움이 될 것이라 기대된다.

1. 測定變數의 定義 및 測定變數들 間의 經路分析圖形

합작 사업의 통제 정도와 신뢰성 정도 그리고 갈등 정도는 설문지에서 조사한 전반적인 평가 지표(100%로 측정한 단일 지표임)를 사용하였다. 기업 규모와 연구개발비비중 등은 2차 자료를 이용하였으며 국제화 경험 변수 및 합작 파트너 특성인 상대 파트너의 시장 내 위치와 사업기여도 등은 설문지를 통해 측정하였다.

합작 파트너 특성 요인들은 상대방의 협상력의 원천으로 한국측의 통제 정도와 파트너에 대한 신뢰성 등에 영향을 미칠 수 있으며 기여도변수는 조직 특성변수 및 성과에도 직접적인 영향을 미칠 수 있다. 마지막으로 파트너와의 사업경험유무를 더미

변수로 처리하였는데 이 변수는 통제 정도와 신뢰성 정도 그리고 갈등에 영향을 미칠 수 있기 때문이다. 이들 변수들 간의 경로분석도형은 〈그림 4-3〉과 같다.

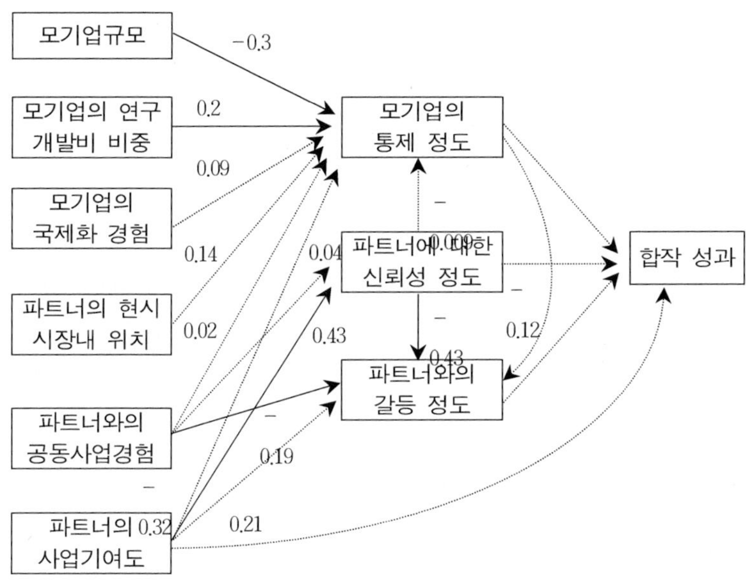

〈그림 4-3〉 측정변수들 간의 경로분석도형

주: 〈그림 4-3〉에서 실선으로 표시된 부분들이 통계적으로 유의한 변수이며, 점선은 유의하지 않은 변수이다.

2. 統制決定要因

〈그림 4-3〉에서 통제를 결정짓는 요인들 중에서 통계적으로 유의성이 높은 변수들은 실선으로 표시된 변수들이다. 이들 변수들

132

은 연구개발비용(+관계) 그리고 현지 파트너의 기여도(+관계)로 나타났다. 그리고 기업 규모 변수는 통계적인 유의성은 높으나 예상과 반대되는 결과를 보이고 있다.

현지 파트너의 기여도가 높다고 판단될수록 한국 기업 측의 통제 정도는 낮게 나타나며 모기업의 연구개발 집약도가 높을수록 합작회사에 대한 통제 정도가 높은 것으로 나타났다.[21]

통계적으로 유의한 변수들 중에서 예상과 반대 방향으로 나타난 요인은 기업 규모이다. 기업 규모가 클수록 기업이 보유하고 있는 독점적 우위 요인의 확보를 통하여 현지국 파트너와의 협상력에서 우위를 보임으로써 통제 정도가 높아진다고 예상하였으나 실증결과 오히려 대기업일수록 통제 정도는 낮게 나타나는 부의 관계를 보이고 있다.[22] 중·소기업일수록 통제 정도를 강화하는 이유는 다음과 같다.

첫째, 진출 동기의 차이에서 찾을 수 있다. OEM 업자의 권고로 인한 진출이 강한 중·소기업들의 입장에서는 성패의 요인이 품질 수준의 유지와 제품 납기의 적기 준수에 있기 때문에 합작회사에 대한 통제력을 강조하는 것이라 할 수 있다. 이에 비해 대기업의 경우는 파트너의 능력 활용과 현지에서의 안정적인 사

---

[21] 구조방적식 모형에서 이론변수인 통제 정도를 종속변수로 신뢰도와 기여도를 독립변수로 검증한 결과 역시 상대 파트너의 기여도가 높을수록 한국 측의 통제 정도는 낮아지는 것으로 부의 관계를 보이고 있다. 통제 정도 = −0.0045 X 신뢰성 −0.43 X 기여도 R^2=0.19로 나타나 기여도와 통제 간의 부의 유의한 관계를 보이고 있다.

[22] 이러한 결과는 조규남의 연구 결과와 일치한다. 조규남은 그의 박사학위논문에서 대기업일수록 통제 정도가 높다는 가설을 세웠으나 실증결과는 오히려 통제 정도가 낮은 것으로 나타났다.

업 기반 구축을 위하여 현지 파트너에게 많은 통제권을 이양하
는 경우가 많기 때문이다.

둘째, 중·소기업에 비하여 대기업들은 업무의 분권화가 잘되
어 있으며 업무의 비중도 국내 사업부문이 높기 때문에 현지자
회사에 대한 분권적 경영을 하는 비중이 높다는 것이다.[23] 따라
서 합작의 경우에 있어서도 해외자회사의 진출 시장이 적은
중·소기업의 경우 소수 해외자회사에 대한 통제 정도를 높게
하는 경향이 많다는 것이다.

3. 葛藤決定要因

합작 파트너 간의 갈등을 결정짓는 요인[24]으로서 상대 파트너
의 기여도 정도와 이들에 대한 신뢰성, 과거의 공동사업경험 유
무를 고려하였다. 실증결과 통계적으로 유의성이 있는 변수로는
파트너에 대한 신뢰성과 과거의 공동사업경험이 있는 기업일수
록 갈등은 적은 것으로 조사되었다. 과거의 공동사업경험이 있는
기업들과의 합작은 과거의 수출대리인이거나 원재료 공급업자
혹은 라이슨싱 계약관계 등의 공동사업경험을 통하여 파트너에
대한 이해력을 바탕으로 잦은 대화를 가질 수 있으며 상대방의

---

23) 명창식, "한국 기업 해외자회사 마케팅 의사결정의 통제 정도와 결정 요인
에 관한 실증적 연구", (박사학위논문, 고려대학교, 1992), p.65.

24) 경로분석모형의 결과 역시 "갈등 =0.01 X 통제 −0.52 X 신뢰성 +0.52 X 기
여도 R^2 =0.23"으로 조사되어 파트너에 대한 신뢰성이 높아질수록 그리고
상대 파트너의 기여도가 높을수록 갈등은 낮은 것으로 조사되었다.

행위에 대한 이해력을 높일 수 있기에 기업운영 과정에서 발생할 수 있는 갈등을 감소시키는 데 도움이 된다는 것이다.[25]

그리고 파트너에 대한 높은 신뢰성은 쌍방의 이해와 믿음을 통하여 합작 파트너 간에 발생할 수 있는 갈등 정도를 감소시키는 데 많은 영향을 미친다는 것이다.

통계적 유의성은 없지만 합작 기업에 대한 일방의 통제력의 강화는 파트너에 대한 갈등을 증폭시키는 계기가 될 것으로 예상하여 정의 관계를 가정하였으나 오히려 부의 영향을 미치는 것으로 나타났다. 이러한 결과는 한국 기업의 입장에서만 통제력과 갈등의 정도를 측정함으로써 나타난 당연한 결과라고도 할 수 있다.

4. 信賴性決定要因

합작 파트너에 대한 신뢰성을 결정짓는 요인으로 과거의 공동사업경험과 파트너의 기여도를 이용하였다. 조사 결과는 파트너의 기여도가 높아질수록 신뢰성은 높아지는 것으로 나타났다. 즉 파트너의 합작 사업에 대한 기여도의 증가는 한국 기업의 입장에서 파트너에 대한 신뢰성의 형성을 가능하게 하며 이는 다시 통제 정도를 낮추게 하는 간접 효과까지도 가져올 수 있다는 것이다.

과거의 공동사업업자와의 합작 사업은 이들에 대한 신뢰성을 바탕으로 결정된 것이라 생각하여 정의 영향을 가정하였으나 실

---

25) 〈부록 2〉에서도 공동사업경험유무와 갈등 정도와의 T-검증결과는 차이를 보이고 있다. 95% 신뢰성하에서 유경험집단의 갈등 정도가 낮은 것으로 조사되었다.

증결과는 통계적인 유의성이 없다고 나타났다. 이와 같은 결과는 한국 기업들의 입장에서는 전혀 모르는 기업과의 합작보다는 기존의 수출대리인이나 원재료 공급업자 혹은 유통대리인 등과의 합작을 통해 통제력을 강화하려는 방안으로 선택하거나 이들이 제조능력의 부족에 따른 기업운영상의 통제 정도를 강화할 수 있기에 선택한다고 할 수 있다.

이러한 결과는 공동사업경험이 있는 기업 수가 소수이며(21건), 합작 파트너로서 과거의 공동사업업자의 선정 기준이 이들에 대한 강력한 신뢰성보다는 한국 기업 측에서 관리하기 편리하고 기업운영에 관여하지 않는 파트너를 선택하기 때문이라 할 수 있다.[26] 지금까지의 결과를 표로 나타내면 〈표 4-10〉과 같다.

〈표 4-10〉 통제·갈등·신뢰성의 결정 요인들

조직 특성변수 \ 결정 요인들		통제 · 갈등 · 신뢰성의 결정 요인들
통 제	유의한 변수	기업 규모(−), R&D(+) 기여도(−)
	유의하지 않음	국제화 경험(+), 파트너위치(+), 과거공동사업경험(+)
신뢰성	유의한 변수	기여도(+)
	유의하지 않음	과거공동사업경험(+)
갈 등	유의한 변수	공동사업경험(−), 신뢰성(−)
	유의하지 않음	통제(−), 기여도(+)

---

26) 과거의 공동사업업자의 특성에 관해서는 〈부록 2〉를 참조할 것.

第8節 硏究 結果의 解釋 및 討議

1. 統計 結果의 要約

〈표 4-11〉 상관관계 및 LISREL 분석의 요약표

설명변수	종속변수	만족도		매출액 성장률		순이익	
		예상부호	실제부호	예상부호	실제부호	예상부호	실제부호
모기업 변 수	연구개발비 비중	+	+	+	+**	+	−
	국제화 경험	+	+	+	−	+	+**
조 직 특 성	통 제	+	+**	+	+	+	−
	신뢰성	+	+**	+	−**	+	−
	갈 등	−	−*	−	−**	−	−**
파트너 특 성	기여도	+	+**	+	+**	+	+*

주) 유의수준 * P〈0.05, ** P〈0.01.

2. 組織特性變數 및 寄與度와 成果와의 關係

합작 파트너에 대한 한국 측의 통제 정도(4P 분야와 노무 및 원가관리 분야)와 파트너에 대한 신뢰성 및 파트너 간의 갈등 정도(기업운영 부문과 재평가 문제) 등의 조직 특성변수들과 상대 파트너의 기여도(진입기여 및 운영기여)가 성과에 미치는 영향을 조사한 결과는 아래와 같다.

1) 주관적인 만족도에 미치는 영향

한국 기업 측에서 평가한 주관적인 만족도에는 이들 네 개의 변수들이 모두 영향을 미치는 것으로 실증되었다.

① 통제의 경우 한국 기업 측에서 평가한 것이기에 한국 측의 통제 정도가 높을수록 만족도에 정의 영향을 미친다는 것이다 (가설 1-1 채택). 이철(1991)과 곽무섭(1991) 및 박석호(1995)의 연구 결과와 일치한다. 그러나 한 가지 생각하여야 할 것은 박의 범(1988)의 연구처럼 외국 파트너의 통제의 강화는 한국 측의 만족도에 부의 영향을 보인다는 것이다. 즉 일방의 통제의 강화는 통제를 강화하는 측에서 평가할 때에는 정의 영향을 보일 수 있지만 상대편의 입장에서는 부의관계를 보일 수 있다는 사고를 갖는 것이 중요하다. 특히 조직 특성변수들 간의 상호 작용관계에 있어서 파트너 기여도의 역할이 만족도 및 수익성에는 정의 영향을 미치고는 있으나 한국 측의 통제 정도에 부의 영향을 미친다는 것을 고려한다면 한국 측의 일방적인 통제의 강화[27]에 대한 새로운 시각을 갖는 것이 필요하다.

② 파트너에 대한 신뢰성(합작 계약에 대한 준수 노력이 높다든지 기회주의적인 행위는 하지 않을 것이다) 역시 만족도에 정의 영향(가설 2-1 채택)을 미치고 있으며 이장호(1988), 박석호(1995)의 연구 결과와 일치한다. 이러한 결과는 주관적 평가인 신뢰성과 만족도라는 변수 특성을 고려할 때 어쩌면 당연한 정

---

27) 주관적 만족도에만 정의 영향을 미칠 뿐 수익성이나 성장성에는 영향을 못 미친다는 것을 고려하여야 한다.

의 관계가 존재하기 때문이라 평가할 수 있다. 그리고 상대 파트너에 대한 신뢰성은 갈등의 감소를 통하여 만족도에 간접적인 영향을 미칠 수 있다는 것을 고려하여야 한다.

③ 갈등 정도와 만족도와의 관계에서는 갈등이 낮을수록 만족도는 높게 나타나 대부분의 외국논문들과 일치하고 있다(가설 3-1 채택). 파트너 간의 갈등의 존재는 주관적 평가가 개입되는 만족도와는 부의 영향을 미친다는 것이며, 합작의 본질이 공동경영이라는 것을 고려한다면 갈등의 증가는 만족도에 부의 영향을 미친다는 것이다.

④ 파트너 기여도의 증가는 주관적인 만족도를 증가시킨다(가설 4-1 채택). 박의범의 연구(1988)와 Lane and Beamish(1990), 이철과 Beamish(1991), 곽무섭(1991) 등과 마찬가지로 파트너의 기여도와 만족도 사이에는 정의 관계를 보이고 있다. 이러한 결과는 합작의 본질이 파트너 간의 자원 결합을 통한 시너지 효과의 구축에 있다는 것을 고려한다면 당연한 것이라 생각된다. 그리고 상대 파트너의 기여도의 증가는 다시 파트너에 대한 신뢰성을 구축하는 데 도움이 된다는 것이다.

2) 수익성에 미치는 영향

파트너의 기여도가 높을수록 그리고 갈등이 적을수록 수익성은 높은 것으로 실증되었다.

① 갈등이 적을수록 수익성이 높다는 것이다(가설 3-2 채택).

특히 한국 기업의 경우 현지에서의 노무관리 차원에서의 갈등이 많은 논란을 일으키고 있다는 사실을 고려할 때 상대 파트너와의 합작 사업의 결과에 대한 재평가부문과 기업운영 부문에서의 갈등의 존재는 수익성에 부의 영향을 미친다는 것이다.

② 파트너의 기여도가 높을수록 성장성에 정의 영향을 미치는 것으로 조사되었다(가설 4-2 채택). 상대 파트너의 진입기여와 운영기여 부문에서의 높은 기여도는 현지국 시장에서의 당기 순이익 향상에 정의 영향을 미친다는 것이다. 곽무섭의 연구(1991) 역시 성과 지표를 성장률과 수익률 지표에 대한 주관적 평가로 측정한 결과 파트너 기여도가 가장 강력한 영향을 미치는 것으로 조사되었다. 결국 상대 파트너 기여도의 역할은 한국 기업과의 자원의 결합을 통한 시너지 효과의 창출을 통하여 기업의 순이익 향상에 기여할 수 있다는 것이다.

3) 성장성에 미치는 영향

성장성과 조직 특성변수들 및 기여도와의 관계에서는 갈등과 기여도변수가 성장성에 영향을 미치는 것으로 실증되었다. 그리고 신뢰성의 변수는 통계적인 유의성은 있으나 가설과 정반대되는 결과를 보이고 있다.

① 성장성 차원에서는 파트너와의 갈등을 줄이는 것이 요구된다(가설 3-3 채택). 합작 기업운영에 있어서 파트너 간의 갈등의 존재는 기업운영상의 마찰과 자원의 원활한 흐름 방해 및 상대

방에 대한 불평 등으로 이어져 성장성에 부의 영향을 미친다는 것이다.

② 상대 파트너가 합작 사업에 기여하는 정도가 높으면 높을수록 성장성은 높은 것으로 실증되었다(가설 4-3 채택). 특히 한국의 경우 중·소기업의 해외 합작 진출이 증가하고 있는 시점에서 파트너의 기여도가 성장성(그리고 수익성 및 만족도 모두에 영향을 미침)과 정의 관계를 보인다는 것은 합작에 대한 전략적 활용도를 높이는 것이 필요하다는 것을 시사한다. 즉, 합작을 기피하기보다는 한국 측 기업들이 부족한 제반 자원을 보충함으로써 경쟁력을 향상시킬 수 있는 적극적인 전략으로서의 인식 전환이 요구된다.

③ 신뢰성과 성장성의 관계는 정의 관계를 보일 것이라는 가설을 설정하였으나 그 결과는 오히려 부의 유의한 관계를 보이는 것으로 실증되었다. 이러한 결과는 신뢰성이 높아질수록 성장성은 낮아진다는 것인데 이에 대해서는 신중한 해석이 요구된다. 신뢰성이라는 것이 장기적인 상호 작용을 통해서 형성되는 것이며 이는 다시 현지에서의 사업 기반이 어느 정도 갖추어진 기업이라 평가할 수 있다. 따라서 신뢰성이 높아질수록 현지에서의 재무적 성과는 안정세를 보일 수 있으며 이와 같은 사업기반의 안정도가 신뢰성의 증가에 따라 성장성은 정체이거나 오히려 감소될 가능성을 높게 만든다는 것이다.[28] 또한 한국 기업의 경우

---

[28] 직접 면담과정에서 한 업체는 현지 시장에 진출한 지 얼마 되지 않았고 파트너에 대한 신뢰도도 낮다는 응답을 하였으나 성장성은 500%를 초과한다 하였다. 이러한 결과는 "성장성이라는 것은 현지 공장의 초과증설 결과 매출액이 전년보다 매우 상승함으로써 나타난 결과이며 파트너의 신뢰성과는 관계는 없으며 오히려 현

OEM 비중이 높다는 것과 제3국 수출 비중이 높다는 것 자체가 성장성은 외부 환경이나 시장수요에 커다란 영향을 받는 반면 파트너에 대한 신뢰성은 파트너와의 상호 작용 측면에서 결정되기 때문이라 할 수 있다.[29]

3. 母企業特性과 成果와의 關係

모기업의 특성과 성과와의 관계에 관한 합작 투자 연구의 대부분은 소유권-통제-성과의 계층구조적인 관점에서 모기업 특성변수들이 소유권과 통제 및 성과에 어떠한 영향을 미치는가를 살펴보기 위한 것이다. 즉 합작이라는 것을 상대방 간의 협상력원천을 통한 파워게임으로 인식하고서 상대방의 협상력원천이 소유권 비중이나 성과에 어떠한 영향을 미치는가를 조사하는 것이나 실증 연구는 미미하다.[30] 실증 연구 결과 중 Lecraw[31]는 모기업의 연구개발비 비중과 광고비 비중이 수익성에 직접적인

지에서의 공장 가동과 세계 시장에서의 수요에 달려 있기 때문"이라는 것이다.

[29] 신뢰도와 성장률과의 상관관계 분석에서 내수 판매비중이 높은 기업일수록 상관 관계계수는 낮은 반면(-0.1484) 제3국 수출비중이 50% 이상인 기업일수록 90% 신뢰성하(-0.2298)에서 부의 상관관계를 보이고 있다.

[30] Natan Fagre and Louis T. Wells, Jr, "Bargaining Power of Multinationals and Host Governments", *Journal of International Business Studies*, 13 (Fall 1982), pp.9-23; Donald J. Lecraw, "Bargaining Power, Ownership and Profitability of Transnational Corporations in Developing Countries", *Journal of International Business Studies*, 15, No.1(1984), pp.32-33.

[31] Donald J. Lecraw, "Performance of Transnational Corporations in Less Developed Countries", *Journal of International Business Studies*, 14, No.3(1983), pp.27-29.

영향을 미친다고 하였다.

본 연구결과 모기업 특성변수는 주관적인 만족도와는 무관하며 재무적 성과에만 영향을 미칠 수 있다고 나타났다. 즉 국제화 경험의 증가는 수익성에 영향을 미치며 매출액 대비 연구개발비 비중의 증가는 성장성에 정의 영향을 미친다는 것이다.[32]

먼저 수익성 지수에서는 모기업 특성변수 중 한국 기업의 국제화 경험이 높을수록 수익성은 높은 것으로 나타났다. 이들 경험변수는 만족도와는 직접적인 관계는 없지만 외국에서의 경험누적으로 인한 시장 환경의 변화에 대한 대응능력이 뛰어나기 때문이라 할 수 있다. 성장률 지수에서는 연구개발비 비중과 정의 관계를 보이는 것으로 조사되었다. 즉 모기업 측의 연구개발비의 지출 증가는 기술수준의 향상과 경쟁우위의 향상을 통하여 장기적인 성장률의 향상에 기여할 수 있다는 것이다. 그리고 이들 모기업 특성변수들은 본 연구에서는 주관적인 만족도와는 직접적인 관계는 없으나 통제 정도에 영향을 미침으로써 만족도에 간접적인 영향을 미칠 수 있다는 결과를 보여주고 있다. 즉 모기업 규모가 클수록 통제와 부의 관계(조규남의 결과와 일치)를 보이고 있으며, 한국 기업 측의 연구개발비 비중과 통제와 정의 관계(박석호와 일치)를 보이는 것으로 조사되었다.

결국 모기업 특성변수는 자원준거관점에 의거 재무적 성과 지표에는 직접적인 영향을 미칠 수 있지만 주관적인 만족도라는

---

32) 이러한 관계는 전화 응답과 직접 방문에서 이들과 성과와의 관계 및 조직 특성 변수들과의 관계를 질문한 결과 응답자들 대부분은 국제화 경험이나 연구개발비의 비중은 만족도와는 직접적인 관계는 없으며 자사의 경쟁우위 원천으로서 재무적 성과에 영향을 미칠 수 있다는 지적을 하였다.

지표에는 간접적인 영향을 미친다는 것을 시사한다 하겠다. 그리고 이들 모기업 특성변수에의 투자는 기업의 경쟁력 강화와 모기업의 협상력 강화를 통하여 합작 기업의 조직 특성변수에 영향을 미칠 수 있으며 주관적인 만족도에는 통제에 영향을 미침으로써 간접적인 영향을 미친다는 것을 고려하여야 한다. 그리고 재무적 성과에는 독특한 경쟁우위의 원천으로써 직접적인 영향을 미칠 수 있다. 따라서 이들 모기업 특성변수에 대한 실증 연구의 보완을 통하여 과연 이들 변수들이 성과 지표에 따라 어떠한 영향을 미칠 수 있는가에 대한 명확한 관계 규명이 필요하다 하겠다.

4. 成果變數別 決定要因 差異

주관적 만족도에서는 파트너와의 상호 작용을 통하여 형성되는 조직 특성변수들 모두와 파트너 특성인 기여도변수가 직·간접적인 영향을 통하여 강력한 영향을 미치고 있는 것으로 실증 결과 나타났다. 그러나 기업 특성변수들인 연구개발비의 비중이나 국제화 경험 등은 직접적인 영향을 미치지 않는 것으로 조사되었다.

재무적 지표에 있어서는 모기업 특성변수가 만족도와는 달리 직접적인 영향을 미치고 있다. 수익성과 국제화 경험과의 정의 관계 및 성장성과 연구개발비 비중과의 정의 관계가 존재하는 것으로 나타났다. 그리고 갈등과 파트너 기여도변수는 모든 성과

144

지표에 영향을 미치는 것으로 나타났다. 이와 같이 성과 지표를
무엇으로 측정하느냐에 따라 결정 요인이 상이하게 나타난 이유
는 다음과 같다.

1) 주관적인 만족도와 달리 재무적 성과 지표는 외부의 환경
요인 예를 들어, 예상 밖의 임금 상승의 가속화나 현지국 시장과
세계 시장의 경쟁 격화 그리고 환율 조정 등에 의해 크게 영향
을 받기 때문이다.[33]

① 급작스러운 환율 조정의 결과 합작 사업에 대해서는 만족
하더라도 매출액이나 수익성이 악화된다는 것이다. 1994년도의
중국의 환율 재조정 결과 만족도에 비해 수익성은 크게 감소(1
달러당 5.7원에서 갑자기 8.4원으로 조정)하고 적자를 시현하는
경우이다.

② 노동집약적 업종의 경우 OEM 비중이 높으며 OEM 업자의
권장으로 인한 진출이 많다. 이와 같은 한국 기업의 특징은 현지
에서의 합작 파트너에 대한 만족도는 고용 인원들의 성실성이나
인간관계 등에서 결정되지만 수익성이나 성장성은 OEM 업자의
주문량에 의해 직접적인 영향을 받기 때문이다.

③ 현지에서의 경쟁구조의 격화는 기존의 만족스러운 파트너
와의 관계와는 달리 재무적 성과 지표에는 나쁜 영향을 미치게
된다. 중국에 진출해 있는 한 의류제조업체의 부장은 자사의 성

---

33) 최만기, "기업의 전략유형, 문화유형 및 재무성과에 관한 실증연구", 「경영학
연구」, 24 (특별호 1994. 12), p.31. 주관적 만족도는 기업의 조직 차원 변수가
가장 큰 영향을 미치며 이에 비해 성장성이나 수익성 등의 재무적 성과는 조
직 차원 변수보다는 전략적 요인에 의해 더 잘 설명될 수 있다 하였다.

공 요인을 한국 기업이 진출하지 않은 지역에 진출한 것을 가장 큰 원인으로 들고 있으며, 한국 기업 간의 과당경쟁에 의해 합작사업 파트너 및 사업 자체에 대한 만족도와는 별도로 재무성과에 상당한 압박을 당하고 있는 기업이 많다고 지적하였다.

④ 상대 파트너에 대한 만족도나 신뢰성은 무척 높더라도 전 세계 시장의 불황 및 수요 감소는 재무성과의 적자를 실현하게 한다. 또한 한국 기업들의 경우 가격 경쟁력을 확보하기 위하여 동남아 시장에 대한 진출을 증가시키고 있으나 진입 전의 예상과는 달리 현지에서의 높은 임금의 상승은 기업의 만족도와는 별도로 재무성과에 직접적인 영향을 미치게 되기 때문이다.

2) 기업 내부의 전략적 차원

① 이전가격조작에 의해 회계장부상의 수익성은 적자이나 만족도는 높을 수 있다. 인도네시아에 진출해 있는 중견신발업체 중 한 기업은 아직까지는 손익분기점에 도달하지 않았고 순이익은 적자 상태이나 원자재의 공급을 통하여 사업 목적이나 수익은 확보함으로써 만족도는 높은 편이라 하였다. 또한 개인적 의견으로 대부분의 진출업체들이 원자재의 공급을 통하여 수익성은 적자이나 내부적으로는 기업의 목표를 달성함으로써 만족도는 높을 것이라는 응답을 하였다.

② 현지 시장에 대한 선점이나 경쟁 위치의 확보를 위한 전략적 목적의 합작인 경우 일단 진입목표가 달성됨으로써 만족도는

높게 평가하게 되나 재무적 성과에서는 손해를 보일 수 있기 때문이다. 예를 들어, 스위스의 시계 산업에 진출한 한 업체는 성장성은 낮으며 수익성은 적자이나 중장기 브랜드 이미지의 구축이라는 진출 목적을 달성함으로써 상당히 높은 만족도를 표시하고 있다. 그리고 중국에 진출한 한 전선제조업체는 파트너와의 장기적인 관계개선을 통한 거대 중국내수 시장으로의 진출 목적을 고려한다면 합작의 만족도는 굉장히 높은 반면에 본격적인 사업 개시 후 7년 정도의 순이익 감소 및 성장률에는 신경을 쓰지 않는다는 응답에서도 유추할 수 있다.

③ 합작 사업의 목적인 시장 정보의 습득이나 마케팅 기법의 습득 등의 목적이 강하다면 합작을 통하여 이들 목적을 달성함으로써 만족도는 높을 것이다. 하지만 재무적 성과에는 이들 하부 지식 요인들이 지금 현재에 영향을 미치는 것이 아니라 일정 기간이 경과한 뒤 영향을 미치기 때문이라 할 수 있다.

3) 지표 자체의 차이점이 존재하기 때문이다.

주관적 평가라는 것이 합작 사업 담당자의 개인적 의견이 첨가됨으로써 편견된 시각을 보일 수 있다. 그리고 합작 사업의 다양한 목적을 평가할 수 있는 포괄적인 것이 주관적인 만족도인 반면에 재무적 성과는 회계장부에 기재된 하나의 과거의 결과만을 포함하고 있다는 것이다. 또한 재무적 성과는 단순히 기업의 과거 경영성과를 반영하는 것인 데 비하여 주관적 만족도는 과

거 및 현재의 기업운영상의 시각이나 상호 작용이 영향을 미친
다는 다양성 측면을 고려하여야 할 것이다.

5. 組織特性變數 및 寄與度의 相互作用關孫

제6절의 결과에서 보듯이 조직 특성변수들과 기여도 간에는
상호 작용이 존재한다. 기여도의 역할에서는 Lane and Beamish
(1990)와 박의범(1988)의 결과와 같이 신뢰성과의 정의 상관관계
가 존재하며, Lane and Beamish(1990)와 마찬가지로 한국 측의
통제력을 약화시킨다는 것이다. 그리고 파트너에 대한 신뢰성은
갈등을 감소시킬 수 있다는 것으로 Beamish(1987)와 Madhok
(1995)의 결과와 일치한다.

1) 통제 중심적 사고보다는 파트너 간의 상호 작용을 중요시
하는 것이 필요하다.
기존의 소유권-통제-성과의 계층구조적인 관점에서 탈피하
여 파트너와의 상호 작용에서 형성되는 조직 특성변수들인 신뢰
성과 갈등 등에 관심을 가져야 한다. 즉, 통제는 한국 측이 평가
한 주관적 만족도에만 영향을 미친 반면 파트너와의 갈등과 기
여도 등은 재무적 성과에도 영향을 미치고 있다는 것이다. 이들
중 특히 신뢰성은 갈등의 감소에도 영향을 미친다는 것을 고려
하면 합작에 참여하는 한국 기업들의 입장에서도 기존의 소유권
-통제-성과의 계층구조적인 관점보다는 파트너 간의 신뢰성과

파트너와의 상호 작용관계를 중시하는 입장변화가 필요하다.

이러한 시사점은 최근에 대두되고 있는 파트너 간의 상호 작용을 강조하는 조직 학습관점과 일맥상통하며 합작의 본질을 상대방 기업과의 자원의 결합을 통한 공동운명체라는 인식을 강조하는 것이라 하겠다. 상대방과의 신뢰성 형성이 전제된다면 이는 다시 파트너와의 갈등 감소를 가져올 수 있으며 자사의 통제 정도를 완화한다 하더라도 쌍방의 믿음을 통하여 오히려 조직운영상의 탄력성을 기함으로써 성과 향상에 도움이 될 수 있다는 것이다.

2) 조직 관리에 대한 시사점

첫째, 파트너와의 신뢰성의 형성이 중요하다. 파트너에 대한 높은 신뢰성은 주관적 만족도도 향상시킬 수 있으며 갈등을 감소시키는 데 커다란 역할을 하기 때문이다. 따라서 한국 기업의 입장에서는 파트너를 잠재적 경쟁자나 기업진출목적 달성에 필요한 수단(단독규제에 대응하기 위한 소극적 파트너의 선정이나 합작 기업경영에 직접적으로 참여하지 않는 슬리핑 파트너의 선택 등)으로 인식하기보다는 기업의 경쟁력 향상에 도움이 되는 장기적인 협력자로 인식하는 것이 중요하다.

둘째, 기여도가 높은 파트너의 선택이 중요하다. 여기서 파트너의 기여도란 한국 기업들이 부족한 기술이나 장비, 유능한 현지 경영자를 제공하는 것 등의 운영 기여 분야에서의 기여도와 현지 시장이나 문화에 관한 지식 제공, 경영실태에 관한 지식 제공 등의 진입기여에서의 현지 파트너의 공헌 정도를 의미한다. 파트너의 높은 기여도는 만족도와 재무적 지표에 직접적인 영향을 미칠 뿐 아니라 신뢰성을 향상시킬 수 있게 함으로써 성과에 간접적인 정의 영향을 줄 수 있기 때문이다. 기여도가 높은 파트너의 선택이 중요하다는 결과는 한국 기업들이 현지국의 규제에 대응하기 위한 방안으로 슬리핑 파트너를 선택하거나 한국 교포와의 형식적인 합작을 통하여 진출하는 경우가 많다는 것을 고려할 때 시사하는 바가 크다. 특히 성과가 발생한 이후 이들 파트너들의 배당요구로 인해 파산하는 기업이 많다는 현지 근무경험이 있는 여러 응답자들의 대답을 고려할 때 한국 기업으로서는 파트너 선정기준의 변화 및 합작에 대한 사고의 전환이 필요하다. 즉, 합작이라는 것을 쌍방이 부족한 자본을 보완함으로써 상대방과의 시너지 효과를 통하여 경쟁력 향상에 기여할 수 있는 전략이라는 시각을 갖는 것이 필요하다. 그리고 상대 파트너를 선정할 때 중요한 기준은 합작 기업운영에 편리한 형식상의 파트너가 아닌 한국 기업들이 필요로 하는 분야에서의 기여도가 높은 기업을 파트너로 선택하는 것이 오히려 성과를 향상시킬 수 있다는 인식이 요구된다.

이러한 관점에서 실태조사과정에서 파악한 것처럼 인도네시아에 대한 합작 사업 시작에 있어서 합작규제에 대한 대응으로서 형식상의 파트너나 여러 회사에 자문 역할을 하고 있는 교포를 선택하기보다는 장기적인 사업기반 구축에 도움이 될 수 있는 파트너의 선택이 기업의 성과 향상에 도움이 된다는 인식이 중요하다. 그리고 일단 합작을 시작한 다음에는 파트너와의 잦은 의사소통 및 상호 작용을 통하여 장기적인 사업파트너 및 동반자라는 인식을 갖는 것이 합작 기업의 성과 향상에 도움이 된다는 적극적인 사고의 전환이 필요하다.

셋째, 파트너와의 갈등 감소를 위해서는 파트너를 선택할 때 과거에 공동사업경험이 있는 기업들을 선택하는 것도 하나의 대안이 될 수 있다. 즉 과거의 공동사업경험 자체가 상대 파트너나 한국 기업 모두에게서 서로의 존재나 사업방식을 알 수 있게 함으로써 갈등 감소에 기여할 수 있다는 것이다. 그러나 이들과의 합작에서는 신중한 평가가 선행되어야만 하며 상대방의 제안만 믿고 성급한 합작의 선택은 사업 실패를 가져올 수 있다는 것을 명심하여야 한다. 그리고 갈등 감소를 위해서는 파트너에 대한 신뢰성을 갖는 것이 필요하다. 즉, 파트너와 신뢰성을 형성하기 위한 노력 과정에서 상대방에 대한 오해를 해소할 수 있으며 공동체라는 의식을 갖게 함으로써 갈등 감소에 도움이 된다는 것이다.

第5章 要約 및 結論

第1節 硏究結果의 要約

지금의 국제경영환경의 추세는 국제경쟁의 격화와 기술개발비용의 급증, 제품 개발실패의 위험증가 등으로 인하여 세계적인 네트워크 조직을 가지고 있는 다국적 기업들조차도 기업 혼자서 모든 국제사업 활동을 담당하기에는 역부족인 상황이라 할 수 있다. 특히 한국 기업과 같이 자본이나 국제인적 자원 등이 부족한 기업들은 외국 기업과의 합작을 통하여 부족한 제반 자원을 보충할 수 있으며 파트너와의 제반 자원들의 결합을 통한 시너지 효과를 통하여 경쟁우위를 확보할 수 있는 적극적인 수단으로서의 국제합작투자의 중요성은 대단히 높다 하겠다.

한국 기업의 국제시장진출 방법에 있어서 합작 사업의 비중도 1980년대는 31.2%에 불과하였으나 1990년대에는 44.7%로 증가하였으며 1995년에는 49.7%까지 상승함으로써 합작 투자에 대한 관심은 증가하고 있다. 그러나 이와 같은 실무 차원에서의 중요성 증가와는 달리 한국 기업을 대상으로 한 국제합작투자의 성과 결정 요인에 대한 실증연구는 미비한 실정이기에 이들 분야에 대한 실증 연구의 지속과 보완이 필요한 시점이다. 그리고 소수의 한국 기업의 국제합작투자에 관한 실증 연구들도 대부분이 소유권-통제-성과의 계층 구조적 관점에서 접근함으로써 파트너와의 신뢰성을 바탕으로 갈등이나 통제 정도에 미칠 수 있는 조직 관리 차원에서의 연구는 거의 전무한 실정이다.

이러한 실정에서 본 연구는 한국 기업의 국제합작투자를 대상으로 조직 특성변수들과 파트너 기여도 그리고 모기업 특성변수로 구분하여 이들이 성과에 어떠한 영향을 미치는가 살펴보았다. 특히 기존 논문들과 달리 조직 특성변수들과 파트너 기여도변수 간의 상호 작용관계를 고려한 구조분석모형을 실시함으로써 이들 변수들이 다른 조직 특성변수에 미치는 영향과 성과에 미치는 직·간접적인 효과를 분석하였다. 성과 측정에 있어서는 성과의 다차원성을 고려하여 재무적 지표와 주관적 만족도로 구분하였다. 실증분석을 통하여 발견된 연구 결과는 다음과 같다.

1. 成果決定要因

1) 주관적 만족도의 결정 요인

모기업 특성변수와 조직 특성변수들 그리고 파트너의 기여도 중 주관적 만족도를 결정짓는 요인들은 조직 특성변수들과 파트너 기여도가 영향을 미치고 있으며 기업 특성변수들은 영향을 미치지 않는 것으로 조사되었다. 이러한 결과는 결국 파트너 기여도 및 조직 특성변수들은 파트너와의 상호 작용을 통하여 형성되는 것이기에 담당자의 평가와 직결될 수 있으나 기업 특성변수들은 기업의 독점적 우위 요소나 자원준거관점에 따른 경쟁력원천으로 작용하여 재무적 성과에 많은 영향을 미치기 때문이라 할 수 있다.

파트너의 기여도(기술이나 장비의 제공, 유능한 경영자의 확보, 부족한 자본 보충, 보다 나은 수출기회의 획득 등의 '운영기여' 분야에서의 기여도와 현지 시장이나 문화에 관한 지식 제공, 현지국 기업 이미지 형성, 경영실태에 관한 지식 제공 등의 '진입기여' 부분에서의 기여도를 말함)와 신뢰성, 통제('4P 분야에 대한 통제'와 '노무 및 원가관리 분야에 대한 통제' 정도를 의미), 갈등 정도('기업운영 분야'에 대한 부분과 '합작 사업의 경영결과에 대한 재평가부분'에서의 갈등) 등 조직 특성변수들 모두가 유의한 영향을 미치는 것으로 실증결과 나타났다.[1] 즉, 파트너에 대한 신뢰성이 높을수록, 갈등은 낮을수록, 파트너의 기여도가 높을수록 만족도와 정의 관계를 보이고 있다. 그리고 한국 기업 측에서 통제 정도를 측정한 것이기 때문에 한국 측의 통제 정도가 높을수록 만족도가 높은 것으로 나타났다.

2) 성장성(매출액 성장률)

조직 특성변수들 중에서는 갈등이 적을수록 그리고 상대 파트너의 기여도가 높을수록 성장률은 높은 것으로 실증되었다. 그러나 예상과 다른 방향으로 나타난 것은 신뢰성변수이다. 신뢰성의 증가가 성장률을 향상시킨다고 가정하였으나 오히려 성장률과는

---

1) 자세한 구성 내용 및 측정 항목에 대해서는 제3장 제2절을 참조할 것.

부의관계를 보이고 있다는 것이다. 이러한 결과는 신뢰성과 성장률 간의 평가기준 차이 및 성장성이라는 지표가 외부의 시장 환경이나 경쟁조건 등에 따라서 많은 영향을 받기 때문에 나타난 결과라고 할 수 있다. 그러나 이러한 결과는 기존 연구들과 위배되기에 실증연구를 통한 보완이 필요하다.

모기업 특성변수로는 연구개발비의 증가가 성장률을 증가시킨다고 나타났다. 지속적인 연구 개발비의 투자를 통하여 제품의 품질 및 기능 향상을 통한 경쟁 우위의 확보가 성장률을 향상시킬 수 있다는 것이다. 그리고 한국 측의 기술력과 현지 파트너와의 자원 결합을 통한 시너지 효과의 가능성을 높임으로써 성장률을 향상시킬 수 있다는 것이다. 따라서 장기적인 관점에서 기업 성장과 생존을 위해서는 지속적인 연구개발비의 투자를 통한 성과 제고에 많은 노력을 경주하여야 할 것이다.

3) 수익성(3년 평균 순이익)

조직 특성변수 중에서는 갈등이 적을수록 그리고 파트너의 기여도가 높을수록 수익성은 높은 것으로 조사되었다. 그리고 모기업 변수로는 국제화 경험과 정의 관계를 보이고 있다. 한국 측의 국제화 경험이 증가하면 할수록 수익성이 증가하고 있다. 즉 해외투자를 통한 국제화 경험의 증가는 판매능력의 향상과 시장상황의 변화에 대한 대응능력의 향상을 통하여 수익성을 증가시킬 수 있다는 것이다.[2]

2. 成果 指標別 決定要因 差異

앞에서 요약한 바와 같이 합작 사업의 성과를 무엇으로 측정하느냐에 따라 성과결정 요인에는 차이가 나는데 그 이유는 세 가지 정도를 들 수 있다.

1) 주관적인 만족도와는 달리 재무적 성과 지표는 외부의 환경 요인(임금 상승, 경쟁 격화, 환율 조정 등)에 의해 크게 영향을 받기 때문이다.[3] 즉 재무적 성과 지표는 급작스러운 환율 조정이나 OEM 업종의 경우 OEM 업자의 주문량에 따라서 그리고 세계 시장의 수요나 경쟁 상황의 변화 등에 따라 결정된다는 것이다.

2) 기업 내부의 전략적 차원

기업 내부의 이전가격조작이나 현지 시장 구축과 경쟁력 확보 및 지식 습득 등의 기업의 전략적 목적을 달성함으로써 주관적 만족도는 높다고 응답할 수 있으나 이러한 목적 달성과 재무적 성과와의 직접적인 정의 관계는 존재하지 않기 때문이다. 즉 내수 시장 진출을 위한 장기적 기반 확립이라는 진출 목적을 달성

---

2) 대한상공회의소, "중소기업의 세계화 방안연구", 「대한상공회의소」, (1995. 1), pp.66-67. 국제화 경험의 증가는 수익성의 증가를 가져온다.

3) 최만기, "기업의 전략유형, 문화유형 및 재무성과에 관한 실증연구", 「경영학연구」, 24 특별호 (1994. 12), p.31. 기업의 주관적 만족도는 기업의 조직 차원 변수가 가장 큰 영향을 미치며 이에 비해 성장성이나 수익성 등의 재무적 성과는 조직 차원변수보다는 전략적 요인에 의해 더 잘 설명될 수 있다 하였다.

함으로써 만족도는 높으나 수익성이나 성장성은 부의 관계를 보일 수 있기 때문이다.

3) 평가과정의 차이 때문이다. 주관적 평가라는 것이 평가자 개인의 편견이나 당시의 상황, 기업의 전반적 목적 등이 많은 영향을 미치기 마련이다. 이에 비하여 재무적 성과는 회계 장부를 바탕으로 과거의 결과만을 평가하기 때문이다.

3. 組織特性變數 및 寄與度와의 相互作用關係

1) 신뢰성의 결정: 파트너의 기여도와 신뢰성 간의 정의 관계를 보이고 있다. 이러한 결과는 한국 기업 측에서 상대 파트너의 높은 기여도가 상대방에 대한 신뢰성을 높이는 결과를 가져오며 이는 만족도를 높일 수 있다는 것이다.

2) 갈등의 감소: 과거의 공동사업경험이 있는 업체를 선택하는 것(상대방의 제안에만 의존하지 않고 독립적인 정보의 수집을 통한 정밀한 평가 작업이 전제되어야 함)과 파트너에 대한 신뢰성을 높이는 것이 파트너와의 갈등을 줄일 수 있는 방안이다.

3) 통제 정도에 있어서는 상반된 상호 작용이 존재한다. 우선 기여도 차원에서는 한국 측의 통제에 부의 영향을 미치고 있다. 기여도의 역할이 갈등의 감소와 신뢰성을 높이는 반면에 통제에

는 부의 영향을 미치기 때문이다. 그리고 모기업 차원에서는 연구개발 활동의 증가와 중·소기업일수록 한국 기업 측의 통제 정도가 높은 것으로 실증되었다.

4) 조직 관리 차원에서 평가할 때 가장 바람직한 파트너는 기여도가 높은 기업(한국 기업들 측에서는 경영관리 분야에 필요한 제반 장비나 경영자의 확보 등과 관련된 분야와 현지 시장이나 경영실태에 관한 지식 제공, 저렴한 노동력 확보, 현지 시장에 대한 빠른 진입 등의 부문에서 기여도를 중시함)이라는 것이다. 상대 파트너 특성인 기여도변수는 조직 특성변수들인 신뢰성(정의 요인)과 갈등(부의 요인)에도 영향을 미칠 수 있기 때문이다.

第2節 研究의 示唆點

1. 理論側面

첫째, 합작 기업의 조직특성을 결정짓는 통제, 갈등, 신뢰도와 파트너 특성변수인 기여도변수와의 관계를 기존 연구들이 독립적이라고 가정한 것과는 달리 이들 변수들 간의 상호 작용관계를 고려한 인과관계를 LISREL 분석을 통하여 규명하여 보았다. 실증결과는 파트너 기여도와 조직 특성변수들 간에 상호 작용이 존재한다는 것으로 이들 변수들의 상호 작용효과를 고려한 새로운 연구방법의 도입이 필요하다는 것이다. 그리고 이들이 직·간접적으로 성과에 미치는 영향에 대한 실증연구의 보완은 합작기업의 성과 향상에 많은 도움이 될 수 있을 것이다.

둘째, 성과변수를 무엇으로 선택하느냐에 따라 성과결정 요인변수들이 다르다는 것이다. 따라서 성과변수에 대한 학문적 연구에 있어서 성과변수를 체계적으로 세분화하여 연구할 필요가 있다. 왜냐하면 성과변수들은 사실상 전혀 다른 성격의 변수일수도 있기 때문이다. 그리고 이러한 성과변수의 세분화는 기업이 목표로 하는 경영성과를 향상시키는 데 효과적이라고 생각한다. 예를 들어 성장성보다는 수익성을 우선하는 합작 기업이라면 수익성에 영향을 미치는 파트너 간의 갈등을 감소시키려는 노력과 기여도가 높은 파트너의 선택이 우선시된다. 본 연구에서는 파트너의 기여도를 진입기여와 운영기여 부문으로 측정하였지만 전체적으로는 자사가 부족한 자원을 보완해 줄 수 있는 파트너의 선택이 수익성 향상에 정의 영향을 미칠 수 있다는 것이다.

셋째, 한국 기업의 국제합작 투자에 관한 실태분석과 성과결정 요인에 대한 실증 연구를 함으로써 개도국 기업의 국제합작 투자의 특징과 성과결정 요인들을 규명하여 보았다. 이러한 연구의 실행은 그동안 선진국 기업들을 중심으로 하는 국제합작 투자 연구와의 비교를 가능하게 함으로써 국제합작 투자에 대한 연구 범위의 확장을 가져올 수 있을 것이다.

2. 企業戰略側面

첫째, 성과결정 요인에 대한 실증결과 가장 중요시하여야 하는 것은 기여도가 높은 파트너의 선택이다. 한국 기업들이 부족한 기술이나 장비 및 설비의 제공과 부족한 자본 보충 및 유능한 경영자를 제공할 수 있는 파트너(운영기여 부문)를 선택하거나 저렴한 노동력 확보 및 현지 시장 및 문화에 관한 지식을 제공할 수 있는 파트너(진입기여 부문)를 선택하는 것이 만족도와 수익성 및 성장성에 직접적인 영향을 미치기 때문이다. 결국 합작 파트너의 선택에 있어서 중요한 것은 자사가 필요로 하는 자원을 보유한 기업들이라는 사고의 전환이 요구된다.

둘째, 성과 지표에 따른 결정 요인이 상이하다는 것은 합작 기업의 목적을 고려한 관리방식을 달리하여야 한다는 것이다. 만족도를 중시하는 기업들이라면 합작 파트너와의 조직 특성변수들에 대한 관심 증가와 더불어 기여도가 높은 파트너를 선택하는 것이 중요하다. 그리고 재무적 성과를 중시하는 기업들이라면 기업 내부자원들의 축적(연구개발비, 규모 등)과 외부환경에 대한 정보수집과 현지 마케팅전략의 비중을 증가시키는 것이 필요하다는 것이다.

셋째, 통제에 대한 새로운 시각 정립이 필요하다. 통제의 증가가 주관적인 만족도를 증가시키는 것은 한국 기업의 입장에서 평가한 때문이라고 할 수 있다. 그리고 통제라는 요인은 파트너의 기여도와 부의 관계가 있다는 사실과 더불어 합작의 의미가 파트너와의 자원 결합을 통한 공동사업이라는 것을 고려한다면 통제 중심적 관리보다는 파트너에 대한 필요성과 더불어 이들과 공존할 수 있다는 인식 전환이 요구된다. 결국 합작 기업의 운영에 있어서 중요한 것은 한국 측의 통제의 강화는 파트너로부터 충분한 협력을 이끌어 낼 수 없다는 것과 공동운명체라는 일체감 형성에 부정적인 영향을 미칠 수 있다는 것이다. 따라서 통제 중심적 사고보다는 파트너에 대한 신뢰성의 형성과 이를 통한 파트너에 대한 권한 이양과 파트너와의 공동운영이 기업의 성공을 가져올 수 있다는 시각이 필요하다.

넷째, 한국 기업의 내수 시장에 대한 진출 증가는 마케팅 전략의 필요성을 증가시킬 것이다. 그동안의 주된 진출 목적이 저임 노동력의 활용을 통한 제3국 시장 진출이었던 시대에는 현지국 시장 내에서 성과에 영향을 미칠 수 있는 마케팅 전략 변수들이 중요하지 않은 것으로 나타났다. 하지만 내수 시장에 대한 비중이 증가하고 개도국의 추격에 따른 가격경쟁력 약화를 보완하고 비가격경쟁력의 향상을 위해서는 한국 기업의 이미지 향상 노력과 마케팅 전략의 활용은 필수적이기 때문이다. 실사 과정에서도 내수 시장에 대한 비중이 높은 기업들이 장기적인 사업 목적을 위하여 마케팅 분야에 대한 지출을 늘리고 있다는 응답을 많이 한 것에서도 유추할 수 있다.

第3節 硏究의 限界點 및 向後硏究方向

1. 向後硏究方向

첫째, 성과에 영향을 미칠 수 있는 다른 요인들을 포함하는 연구 범위의 확장과 한국 기업의 실정에 맞는 연구가 필요하다. 본 연구에선 합작 사업의 특성을 파트너와의 상호 작용을 통하여 형성되는 유기적인 조직구조로 평가함으로써 합작 사업의 전략적 요인을 배제하였다. 그러나 성과와 관련된 기존 논문들을 볼 때 환경-전략-성과 간의 관계 검증이 많다는 것과 한국 기업의 현지 내수 시장에 대한 비중 증가를 고려할 때 성과 요인에 영향을 미칠 수 있는 전략 요인을 고려한 연구의 확장이 필요하다.

둘째, 현지 파트너 특성에 관한 자료의 확보를 통한 연구 결과의 정교화가 요구된다. 본 연구에서는 현지 파트너의 특성을 기여도라는 단일변수로 측정하였으나 현지 파트너 기업 규모와 연구개발비 비중, 국제화 경험 등에 관한 자료의 보완이 요구된다. 이와 같은 자료의 보완은 합작 기업의 조직 특성변수들 간의 상호 작용관계 즉, 갈등, 통제, 신뢰성을 현지 파트너와 한국 모기업과의 상호 작용관점에서 규명할 수 있게 함으로써 연구 결과를 더욱더 정교하게 하는 데 도움이 될 것이다.

셋째, 산업별로 연구의 세분화가 요구된다. 본 연구에서는 제조업으로 한정하기는 하였지만 세분화된 산업별 연구의 보완을 통하여 성과 연구에 대한 확장과 연구 결과의 세분화가 필요한 시점이라 할 수 있다.

2. 研究의 限界點

첫째, 합작 기업의 성과 평가에 있어서 한국 측 담당자의 평가만 고려하였다. 이러한 일방적 성과측정은 상대방의 입장을 고려하지 않음으로써 정확한 성과를 측정할 수 없다는 것이다.

둘째, 설문 조사의 일반적인 한계점을 지니고 있다. 설문 내용에 대한 충분한 사전 설명이 있었는데도 불구하고 평가자의 이해부족에 따른 오차와 과연 연구의 목적에 맞는 최적의 적임자가 실제로 연구를 수행하였는지를 정확하게 평가하는 것이 어렵다(특히 FAX나 우편설문의 경우). 또한 담당자의 주관적인 만족도가 개입됨으로써 정확한 평가의 어려움이 발생할 수 있다.

參考文獻

Ⅰ. 國內文獻

1. 著書

어윤대 외. 「국제경영」·서울: 학현사, 1995.

어윤대·방호열. 「전략경영」. 서울: 학현사, 1995.

이순묵. 「공변량구조분석」·서울: 도서출판성원사, 1990.

정충영·최이규. 「SPSSWIN을 이용한 통계분석」·서울: 무역경영사, 1996.

채서일. 「마케팅 조사론」, 3판. 서울: 학현사, 1996.

2. 論文

곽무섭. "한국 기업의 국제합작 투자성과분석에 관한 연구", 박사학위논문, 동국대학교, 1991.

김규열. "우리나라 수출제조 기업의 유통 경로의 결정 요인과 성과에 관한 실증 연구", 석사학위논문, 고려대학교, 1992.

164

김용규. "수입소비재 상품의 국내유통경로 결정에 관한 연구", 박사학위논문, 고려대학교, 1993. 12.

김진목. "한국 기업의 국제마케팅믹스전략 시장 간 비교 연구", 석사학위논문, 고려대학교, 1985.

명창식. "한국 기업 해외자회사 마케팅 의사결정의 통제 정도와 결정 요인에 관한 실증적 연구", 박사학위논문, 고려대학교, 1992.

민상훈. "한국 기업의 수출전략·내부능력·수출성과관의 관계연구", 박사학위논문, 고려대학교, 1994. 7.

박석호. "한국 기업의 해외합작 투자 행태에 관한 연구", 박사학위논문, 전남대학교, 1995.

박진환. "해외직접투자 기업의 소유권전략", 고려대학교, 석사학위논문, 1988.

박의범. "국제합작 투자의 특질과 성과에 관한 연구", 박사학위논문, 고려대학교, 1988.

임장식. "국제합작 투자 기업의 성공 요인에 관한 연구", 석사학위논문, 서강대학교, 1995.

조규남. "한국 기업 해외합작 투자의 소유 지분·통제·성과에 관한 연구", 박사학위논문, 홍익대학교, 1993.

허문구. "전략군 간 기업 간의 성과 차이와 그 원인", 박사학위논문, 고려대학교, 1992.

3. 資料

김시중·민윤기·유재원. "해외직접투자의 현황과 정책과제", 서
　　울: 대외경제정책연구원, 1992. 9.

김종영. "국제합작 투자 기업의 경영 경제학적 분석",「숙명여자
　　대학교 논문집」, 제12편(1972).

노동부. "해외진출 기업 노무관리 안내서: 인도네시아 편", 노동
　　부, 1995.

대한상공회의소. "한국과 일본 기업의 해외직접투자전략 비교연
　　구", 서울: 대한·서울상공회의소, 1993. 12.

＿＿＿＿. "중소기업의 세계화 연구방안", 서울: 대한·서울상공회
　　의소, 1995. 1.

방호열·차영진. "해외직접투자 기업의 투자 성과에 관한 실증분
　　석",「무역학회지」, 21, No.2(1995. 6), pp.195-219.

안종석. "합작선 상호간의 기회주의 억제와 합작성과에 관한 연
　　구",「경영학연구」, 24, No.2(1995. 8), pp.257-293.

이장호. "해외합작 투자의 성공전략에 관한 연구",「성곡논총」,
　　1989.

이철. "우리나라 해외합작 투자 기업의 특성 및 경영성과에 관한
　　연구",「국제경영연구」, 2(1991. 5), pp.47-69.

중소기업진흥공단. "우리나라 중소기업의 아세안 4개국 해외직접
　　투자실태에 관한 연구",「중소기업진흥공단」, 1991. 10.

최만기. "기업의 전략유형, 문화유형 및 재무성과에 관한 실증연구", 「경영학연구」, 24 특별호(1994. 12), pp.1-39.

하명환. "해외진출 한국 섬유산업의 전략군 특성과 경영성과에 관한 실증분석", 「무역학회지」, 20, No.2(1994), pp.213-239.

한국섬유산업연합. "섬유류 해외투자 실태조사결과보고서", 「한국섬유산업연합회」, 1995. 9.

한국은행국제부. "해외투자통계연보", 「한국은행국제부」, 1994. 95.

한국은행외환업무부. "해외투자현지법인현황", 「한국은행외환업무부」, 1992. 12, 1995. 6. 30.

한국은행외환관리부. "1991년도 해외투자사업 성과분석 보고서", 「한국은행외환관리부」, 1993. 6.

Ⅱ. 外國文獻

1. 著書

Badaracco, Jr, Joseph L. "The Knowledge Link", Boston, Massachusetts: Harvard Business School Press, 1991.

Beamish, Paul W. "Multinational Joint Ventures in Developing Countries", London and New York: Routledge, 1988.

Carter, John D; Cushman, Robert F.; Pepper, Hamilton & Scheetz. "The Handbook of Joint Venturing", Homewood: Dow Jones-Irwin, 1989.

Chatterjee, Kalyan and Gray, Barbara. "International Joint Ventures Economic and Organizational Perspectives", Dordrecht/boston/ ondon: Kluwer Academic Publishers, 1995.

Contractor, Farok J. and Lorange, Petere. "Cooperative Strategies in International Business", Lexington Massachusettst Toronto: Lexington Books, 1988.

Franko, L. G. "Joint venture survival in multinational corporations", New York: Praeger, 1971.

Harrigan, Kathryn Rudie. "Managing for Joint Venture Success", Lexington, Massachusettst Toronto: Lexington Books, 1986.

Joreskog Karl and Sorbom Dag. "LISREL 8 Structural Equation Modeling with the SIMPLIS Command Language", NJ, Hove and London hillsdale: SSI, Lawrence Erlbaum Associates Publishers, 1993.

Killing, J. P. "Strategies for joint venture success", New York: Praeger, 1983.

Williamson, O. E. "Markets and Hierarchies: Analysis and Antitrust Implications", New York: Free Press, 1975.

168

2. 學術雜誌 및 論文

Anderson, Erin. and Barton, Weitz. "The Use of Pledges to Build and Sustain Commitment in Distribution Channels", *Journal of Marketing Research*, (February 1992), pp.18-34.

Anderson, James C. and James, A. Narus. "A Model of Distributor Firm and Manufacturer Firm Working Partnerships", *Journal of Marketing*, (January 1990), pp.42-58.

Anoop Madhok. "Revisiting Multinational Firm's Tolerance for Joint Ventures: A Trust-Based Approach", *Journal of International Business Studies*, 26, No.1(1995), pp.117-137.

Artisen, Patrick F. R. and Buckley, Peter J. "Joint Ventures in Yugoslavia: Opportunities and Constraints", *Journal of International Business Studies*, 16, No.1(1985), pp.111-135.

Aulakh, Preet S; Kotabe Masaaki.; and Sahay Arvind. "Trust and Performance in Cross-Border Marketing Partnerships: A Behavioral Approach", *Journal of International Business Studies*, 27, No.5(Special Issue 1996), pp.1005-1032.

Bagizzi, Richard B. and Yi Youjae. "On the Evaluation of Structural Equation Model", *Academy of Marketing Science*, 16, (Spring 1988), pp.74-94.

Beamish, Paul. W. "The Characteristics of Joint Ventures in the

People's Republic of China", *Journal of International Marketing,* 1, No.2(1993), pp.29-49.

______ and Banks, John C. "Equity Joint Ventures and The Theory of The Multinational Enterprise", *Journal of International Business Studies,* 18, No.2(Summer 1987), pp.1-16.

______ "The Characteristics of Joint Ventures in Developed and Developing Countries", *Columbia Journal of World Business,* (Fall 1985), pp.13-19.

______ and Lee Chol. "The Characteristics and Perfor- mance of Korean Joint Ventures in LDCs", *Journal of Inter- national Business Studies,* 26, No.3(1995), pp.637-654.

Berg, Standford V. and Philip Friedman. "Corporate Courtship and Successful Joint Ventures", *California Management Review,* 22 (1982), pp.85-91.

Bleeke, Joel and Ernst, David. "The Way to Win in Cross-Border Alliances", *Harvard Business Review,* (November-December 1991), pp.127-135.

Chakravarthy, Balagi. "Measuring Strategic Performance", *Startegic Management Journal,* 7, No.5(1986), pp.437-458.

Contractor, Farok J. and Lorange, Peter. "Why Should Firms Cooperate? The Strategy and Economics Basis for Cooperative Ventures", In *Cooperative Strategies in International Business,* ed. Farok J. Contractor and Peter Lorange. Lexington Massachusettst Toronto: Lexington Books, 1988.

Cullen, John B; Johnson, Jean L.; and Sakano, Tomoaki. "Japanese and Local Commitment to IJVs: Psychological Consequences of Outcomes and Investments in the IJV Relationship", *Journal of International Business Studies*, 26, No.1(1995), pp.91-115.

Davidson, W. H. "Creating and Managing Joint Ventures in China", *California Management Review*, 29, No.4(1987), pp.77-94.

Dwyer, F. Robert. "Satisfaction in Distribution Channels: Laboratory Insights", *Journal of Retailing*, 56, No.2(1982), pp.45-65.

Dymsza, William A. "Successes and Failures of Joint Ventures in Developing Countries: Lessions from Experience", In *Cooperative Strategies in International Business*, ed. Farok J. Contractor & Peter Lorange, Lexington, Massachusettst Toronto: Lexington Books, 1988.

Eccles, Robert G. "The Performance Measurement Manifesto", *Harvard Business Review* (January-February 1991), pp.131-137.

Fagre, Nathan and Louis T. Wells, Jr. "Barganing Power of Multinationals and Host Governments", *Journal of International Business Studies*, 13, No.3(1982), pp.9-23.

Geringer, J. Michael. "Strategic Determinants of Partner Selection

Criteria in International Joint Venture", *Journal of International Business Studies*, 22, No.1(1991), pp.41-62.

Geringer, J. Michael and Frayne, Collete. A. "Human Resource Management and International Joint Venture Control: A Parent Company Perspective", *Management International Review*, 30(Special Issue), 1990, pp.103-120.

Geringer, J. Michael. and Woodcock, C. P. "Agency Costs and the Structure and Performance of International Joint Ventures", In *International Joint Ventures Economic and Organizational Perspectives.* ed. Kluwer Academic Publishers, Dordrecht/ boston/London, 1995.

Geringer, J. Michael. and Hebert, Louis. "Control and Performance of International Ventures", *Journal of International Business Studies*, 20, No.2(1989), pp.235-254.

______. "Measuring Performance of International Joint Ventures", *Journal of International Business Studies*, 22, No.2(1991), pp.249-263.

Gomes-Cassers B, Benjamin. "Joint Venture Instability: Is it a Problem?" *Columbia Journal of World Business*, 22, No.2(1987), pp.97-102.

Gulati, Ranjay; Khanna Tarun.; and Nohria, Notin. "Unilateral Commitments and the Importance of Process in Alliances", *Sloan Management Review*, 35, No.3(1994), pp.61-69.

Hennart, Jean-Francois. "A Transaction Costs Theory of Equity Joint Ventures", Strategic *Management Journal*, 9 (1988), pp.361-374.

______ . "The Transaction Costs Theory of Joint Ventures: An Empiriscal Study of Japanese Subsidiaries in the United States", *Management Science*, 37, No.4 (April 1991), pp.483-497.

Henry, Lane. and Beamish, Paul W. "Cross-Cultural Cooperative Behavior of Joint Ventures in LDCs", *Management Internat-ional Review*, 30(Special Issue), 1990, pp.87-102.

Harrigan, K. R. "Joint Ventures and Global Strategies", *Columbia Journal of World Business*, 16, No.2(Summer 1984), pp.7-16.

Kogut, Bruce. "Joint Ventures: Theoretical and Empirical Pers-pectives", *Strategic Management Journal*, 9 (1988), pp.319-332.

Lecraw, Donald J. "Performance of Transnational Corporations in Less Developed Countries", *Journal of International Business Studies*, 14, No.3(1983), pp.15-33.

______ . "Bargaining Power, Ownership and Profitability of Transnational Corportions in Developing Countries", *Journal of International Business Studies*, 15, No.1(1984), pp.27-43.

Lorange, Peter and Probst, Gilbert J. B. "Joint Ventures as Self-Organizing Systems: A Key to Successful Joint Venture Design and Implementation", *Columbia Journal of World Business*,

(Summer 1987), p.72.

Lyles, Marjorie A. and Salk, Jane E. "Knowledge Acqusition from Foreign Parents in International Joint Ventures: An Empirical Examination in the Hungarian Context", *Journal of International Business Studies*, 27, No.5(Special Issue 1996), pp.27-43.

Mitchel W.; Shaver J. M.; Yeung B. "Performance Following Changes of International Presence in Domestic and Transition Industries", *Journal of International Business Studies*, 8 (Spring 1977), pp.45-55.

Osland, Gregory E. and Cavusgil S. Tamer. "Performance Issues in U. S-China Joint Ventures", *California Management Review*, 38, No.2(Winter 1996), pp.106-130.

Ouchi, W. G. "The Relationship Between Organizational Structure and Organizational Control", *Administrative Science Quarterly*, 22 (1977), pp.92-112.

Parkhe, Arvind. "Strategic Alliance Structuring: A Game Theoretic Transaction Cost Examination of Interfirm Cooperation", *Academy of Management Journal*, 36, No.4(1993), pp.794-829.

______. "Partner Nationality and the Structure-Performance Relationships in Strategic Alliances", *Organization Science*, 4 (1993), pp.301-314.

Prahalad C. K. and Hamel Gary. "The Core Competence and

174

the Corporation", *Harvard Business Review* (May-June 1990), pp.71-91.

Raveed, S. R. and Renforth, W. "State Enterprise-Multinational Corporation Joint Ventures: How Well Do They Meet Both Partners' Need?" *Management International Review,* 23, No.1(1983), pp.47-57.

Ring, Peter S. and Van de Ven, Andrew H. "Structuring Cooperative Relationships Between Organizations", *Strategic Management Journal,* 13 (1982), pp.483-498.

Robinson, Richard D. "Ownership across National Frontiers", *Industrial Management Review,* No.1(Fall. 1969), pp.41-65.

Sohn Jung Hoon Derick. "Social Knowledge as a Control System: A Proposition and Evidence from Japanese F. D. I. Behavior", *Journal of International Business Studies,* 25, No.2(1994), pp.295-324.

Vikers, J. "Pre-Emptive Patenting, Joint Ventures, and the Persistence of Oligopoly", *International Journal of Industrial Organization,* 3 (1985), pp.261-273.

Yan, Aimin and Gray, Barbara. "Bargaining Power, Management Control, and Performance in U. S.-China Joint Ventures: A Comparative Case Studies", in *International Joint Ventures Economic and Organizational Perspectives,* ed, Dordrecht/ Boston/London: Kluwer Academic Publishers, 1995.

<附錄 1> LISREL 분석 결과

<附表 1> 측정모델에서의 추정치(Y와 ETA와의 관계)

	ETA 1 (수익성)	ETA 2 (성장성)	ETA 3 (만족도)
Y1	1.00*	0	0
당기 순이익	0	0	0
Y2	0	1.00*	0
매출액 성장률	0	0	0
Y3	0	0	1.00*
제1만족도	0	0	0
Y4	0	0	0.11
제2만족도	0	0	7.73
Y5	0	0	0.12
제5만족도	0	0	5.80

*) 모수추정상의 효율을 위해 값을 1로 고정하였음. 고정된 모수 값에 대해서는 표준오차 및 T-값을 계산할 수 없다.

<附表 2> 측정모델에서의 추정치(X와 KSI와의 관계)

		KSI 1(통제)	KSI 2(신뢰성)	KSI 3(갈등)	KSI 4(기여도)
X1	계 수	0.09	0	0	0
제1통제	T 값	8.02	0	0	0
X2	계 수	0.09	0	0	0
제2통제	T 값	10.24	0	0	0
X3	계 수	0	1.00*	0	0
신뢰성	T 값	0	0	0	0
X4	계 수	0	0	0.10	0
제1갈등	T 값	0	0	8.79	0
X5	계 수	0	0	0.10	0
제2갈등	T 값	0	0	7.53	0
X6	계 수	0	0	0	0.09
제1기여도	T 값	0	0	0	8.73
X7	계 수	0	0	0	0.09
제2기여도	T 값	0	0	0	8.61

*) 모수추정상의 효율을 위해 값을 1로 고정하였음. 고정된 모수 값에 대해서는 표준오차 및 T-값을 계산할 수 없다.

<附表 3> Y와 ETA 간의 표준오차

	ETA 1 (수익성)	ETA 2 (성장성)	ETA 3 (만족도)
Y 1 당기 순이익	1.00*	0	0
	0	0	0
Y 2 매출액 성장률	0	1.00*	0
	0	0	0
Y 3 제1 만족도	0	0	
	0	0	0
Y 4 제2 만족도	0	0	0.08
	0	0	5.91
Y 5 제3 만족도	0	0	0.09
	0	0	6.24

*) 모수추정상의 효율을 위해 값을 1로 고정하였음. 고정된 모수 값에 대해서는 표준오차 및 T-값을 계산할 수 없다.

<附表 4> X와 KSI 간의 측정오차

		KSI 1(통제)	KSI 2(신뢰성)	KSI 3(갈등)	KSI 4(기여도)
X1 제1통제	표준오차	0.08	0	0	0
	T 값	5.21	0	0	0
X2 제2통제	표준오차	0.08	0	0	0
	T 값	1.93	0	0	0
X3 신뢰성	표준오차	0	1.00*	0	0
	T 값	0	0	0	0
X4 제1갈등	표준오차	0	0	0.11	0
	T 값	0	0	2.18	0
X5 제2갈등	표준오차	0	0	0.10	0
	T 값	0	0	4.31	0
X6 제1기여도	표준오차	0	0	0	0.07
	T 값	0	0	0	4.29
X7 제2기여도	표준오차	0	0	0	0.08
	T 값	0	0	0	4.45

*) 모수추정상의 효율을 위해 값을 1로 고정하였음. 고정된 모수 값에 대해서는 표준오차 및 T-값을 계산할 수 없다.

〈附表 5〉 ETA와 ETA 간의 표준오차 및 T-값

		ETA 1(수익성)	ETA 2(성장성)	ETA 3(만족도)
ETA 1 (수익성)	표준오차	0	0	0
	T값	0	0	0
ETA 2 (성장성)	표준오차	0	0	0
	T값	0	0	0
ETA 3 (만족도)	표준오차	0.07	0.08	0
	T값	2.61	0.67	0

〈附表 6〉 ETA와 KSI 간의 표준오차 및 T-값

		KSI 1(통제)	KSI 2(신뢰성)	KSI 3(갈등)	KSI 4(기여도)
ETA 1 (수익성)	표준오차	0.12	0.14	0.13	0.17
	T-값	-1.60	-0.87	-2.61	2.04
ETA 2 (성장성)	표준오차	0.12	0.15	0.13	0.18
	T-값	1.18	-4.71	-3.99	3.22
ETA 3 (만족도)	표준오차	0.09	0.13	0.11	0.15
	T-값	5.97	2.58	-2.46	3.04

〈附表 7〉 KSI과 KSI 간의 표준오차 및 T-값(PHI)

		KSI 1(통제)	KSI 2(신뢰성)	KSI 3(갈등)	KSI 4(기여도)
KSI 1(통제)		1.00			
ETA1 (수익성)	표준오차	0.11	1.00		
	T-값	-2.31	0		
ETA2 (성장성)	표준오차	0.12	0.11	1.00	
	T-값	-0.70	-1.99	0	
ETA3 (만족도)	표준오차	0.11	0.11	0.12	1.00
	T-값	-4.00	5.42	1.77	0

〈그림 1〉 표준화된 잔차의 QPLOT

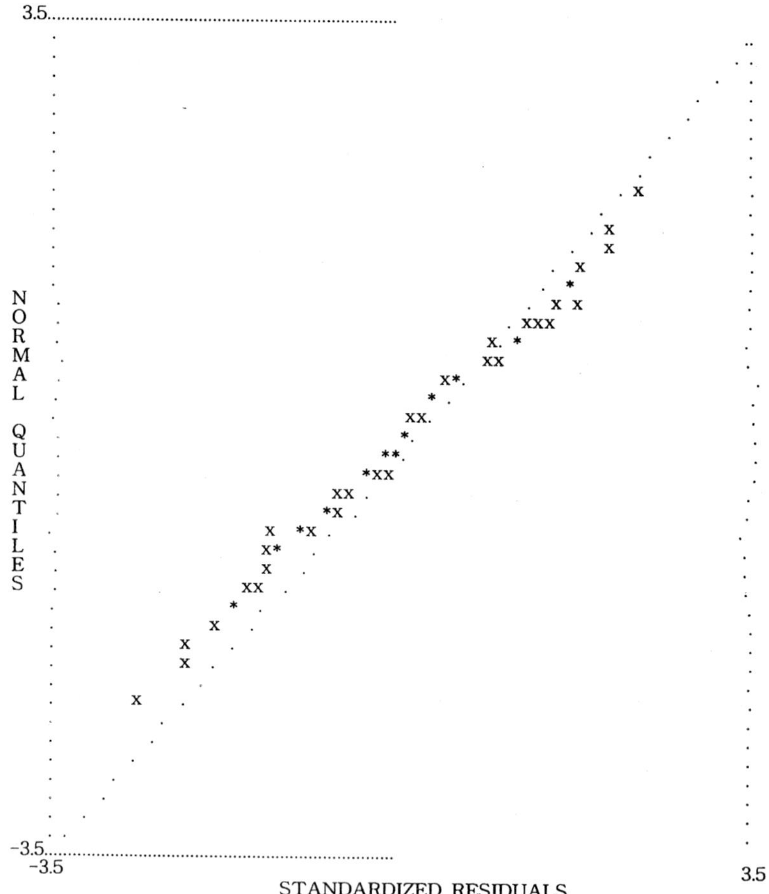

〈測定變數들의　適合性　檢證　및　相互作用關係〉

GOODNESS OF FIT STATISTICS

CHI-SQUARE FOR INDEPENDENCE MODEL WITH 45
DEGREES OF FREEDOM=145.28
ROOT MEAN SQUARE RESIDUAL (RMR)=0.042
GOODNESS OF FIT INDEX (GFI)=0.98
ADJUSTED GOODNESS OF FIT INDEX (AGFI)=0.90
PARSIMONY GOODNESS OF FIT INDEX (PGFI)=0.23

통제＝－0.009×신뢰도－0.3×모기업규모＋0.2×연구개발비비중＋0.09×
　　　　（－0.1）　　　（－2.98）　　　　　（2.18）　　　　　　（0.83）

　국제화 경험＋0.14×파트너 위치－0.32×기여도＋0.02×과거공동사업경험
　　　　　（1.50）　　　　　（－3.10）　　　（0.065）

　　　Errorvar.＝0.73,　R^2＝0.27(6.63)

신뢰도＝0.43×기여도＋0.044×과거공동사업경험 Errorvar.＝0.81,　R^2＝0.19
　　（4.48）　　　（0.46）　　　　　　　　　　　（6.63）

갈등＝－0.12×통제－0.43×신뢰도＋0.21×기여도－0.19×과거공동사업경험
　　（－1.29）　（－4.05）　　　　（1.69）　　　（－2.11）

　　　Errorvar.＝0.79,　R^2＝0.21
　　　6.63

<附錄 2> 韓國 企業들의 國際合作投資 實態 調査

1. 合作 파트너들의 過去의 國際合作經驗 有無

첫째 지금 합작을 실시하고 있는 파트너와의 과거의 공동사업 경험 유무이다. 〈부표 8〉을 보면 전체 표본 중 22.1%인 21건만이 공동사업경험이 있다고 응답하였다. 한국 기업의 기존 파트너와의 공동사업경험에 관한 특징은 다음과 같다.

① 대기업(22.4%인 11건)과 중·소기업(21.7%인 10건)을 구분하여 보면 기업 규모와는 무관하게 파트너를 선택할 때 기존의 유대관계가 없는 새로운 기업과의 합작이 많은 것으로 조사되었다.

② 공동 사업 형태를 조사한 결과 가장 많은 형태는 과거의 수출 대리인과 합작한 경우(7건)이며, 그 다음이 원재료 공급업자들(6건)이었다. 기존의 합작 파트너와 새로운 합작을 한 경우는 중·소기업만이 3건이었으며, 라이슨싱 계약 업체(대기업만이 하고 있음)와 유통대리인과의 합작이 각각 2건씩이었다.

③ 업종별로 보면 주로 섬유산업은 24건 중 2건만이 공동사업 경험이 있으며, 기계·장비 업종은 4건 중 2건 등을 보이고 있다. 특히 노동집약적 업종의 경우 국내의 인건비 상승에 따른 해외 시장으로의 중·소기업진출이 늘어나면서 자사의 부족한 자원을 보완하기 위한 합작이 증가하기 때문이라 생각된다.

〈附表 8〉 합작 투자 기업들의 국제합작 사업 경험 유무

		공동사업경험			한국 기업의 과거 합작경험		외국파트너의 국제합작 및 상대 파트너국적	
	건수	(%)	사업형태		건수	(%)	건수	외국국적
없음	74	77.9	종　류	건수(%)	63	63.3	45	47.4
있음	21	22.1	수출대리인 원재료공급업자 라인슨싱계약업자 유통대리인 기존합작업자 기타	7 (33.3) 5 (28.6) 2 (9.5) 2 (9.5) 3 (14.3) 1 (4.8)	32	33.7	32	한국(11건, 34.5) 일본(6건, 18.8) 유럽(4건, 12.5) 대만(4건, 12.5) 기타(4건, 12.5) 미국(3건, 9.4)
모름							18	
합계	95	100.0			95	100.0	95	100.0

　두 번째로 상대방 파트너의 국제합작경험 유무를 측정한 결과 합작 경험이 있다는 응답이 32건이었으며, 없다는 기업이 45건 그리고 잘 모르겠다고 응답한 기업이 18건으로 나타났다. 기존 파트너의 외국합작 기업에 대한 질문에서 한국 기업이 파트너인 경우가 가장 많은데(34.4%), 이는 합작 파트너의 선정 시 한국 기업으로부터 소개받아 합작을 하는 경우가 많기 때문이다.

　세 번째 한국 기업들의 국제합작경험의 유무를 측정한 결과 한국 기업들의 33.7%인 32건만이 경험이 있다고 응답하였다. 기업 규모에 있어서는 대기업일수록 경험이 많으며(49건 중 21건) 중·소기업은 23.9%인 11건으로 조사되었다.

2. 合作 파트너 간의 共同事業經驗이 組織 特性 및 成果에 미치는 影響

1) 共同事業經驗이 組織 特性에 미치는 影響

과거의 공동사업경험 유무에 따라서 합작 기업의 조직 특성 즉 갈등 정도 및 통제 정도 그리고 파트너 간의 신뢰도 차이가 날 수 있다. 즉 과거의 공동사업경험이 있는 기업과 합작을 한다는 것은 곧 상대방에 대한 어느 정도의 높은 신뢰감을 반영하는 것이며 파트너에 대한 이해를 통하여 상대방에 대한 통제 정도의 완화와 갈등의 발생 가능성을 줄일 수 있기 때문이다. 과거의 공동사업경험 유무에 따른 집단 간 차이를 검증하기 위한 T-검증의 결과는 〈부표 9〉와 같다. 과거의 공동사업경험 유무에 따라서 조직 특성에 차이가 있다는 것을 규명한 결과 갈등 변수에만 통계적인 유의성이 있는 것(95%의 신뢰성)으로 나타났다. 그러나 조직 특성 중 신뢰성이나 통제 정도에서는 집단 간 차이가 없는 것으로 나타났다.

〈附表 9〉 과거의 공동사업경험 유무가 조직 특성에 미치는 영향

T검증 종속 변수	경험 있음(21건)		경험 없음(74)		T	P
	평균	표준편차	평균	표준편차		
신뢰 정도	0.5905	0.298	0.5689	0.224	0.31	0.761
통제 정도	0.6524	0.340	0.6432	0.246	0.11	0.909
갈등 정도	0.2048	0.153	0.3027	0.196	−2.42	0.020

2) 過去의 共同事業經驗이 成果에 미치는 影響

　과거의 공동사업경험의 유무는 기업의 조직 특성에는 갈등의 감소나 신뢰감의 형성을 통하여 기업의 성과에 간접적인 영향을 미칠 수는 있지만 성과에는 직접적인 영향을 미치지 않을 것이다. 실증 조사를 위해 T-검증 결과를 이용하였으며 그 결과는 〈부표 10〉에 나타나 있다. 실증결과는 과거의 공동사업경험 유무는 성과에 영향을 미치지 않는 것으로 조사되었다. 즉 과거의 공동사업경험의 유무는 재무적 경영성과나 만족도에 유의한 차이를 가져오지 못한다는 것이다.

　그러나 세부적으로 살펴보면 3년 평균 순이익의 경우 유경험 집단이 2.5배 정도 성과가 높으며 매출액 성장률에서도 높게 나타난다는 사실이다. 즉 통계적인 신뢰성 검증에서는 집단 간 차이를 안 보인다는 것이지 단순성과의 비교에서는 분명히 집단 간 차이가 크게 나타난다는 것이다.[1]

〈附表 10〉 과거의 공동사업경험 유무와 성과의 T-검증 결과

T검증 종속 변수	경험 있음(21건)		경험 없음(74)		T	P
	평균	표준편차	평균	표준편차		
매출액 성장률	0.5195	0.742	0.4877	0.675	0.65	0.520
3년 평균 순이익	1,924,523	4,487,557	899,359	3,026,519	1.10	0.283
전반적인 만족도	4.8095	1.601	4.473	1.407	0.94	0.350

---

1) 이러한 차이는 대기업 표본만을 따로 독립시켜 보았을 때 당기 순이익이나 매출액에서 2.5배 정도의 차이를 보인다는 것이다. 그러나 중소기업에서는 오히려 경험이 없는 기업의 매출액이 더 높은 것으로 나타났다.

3) 시사점

과거의 공동사업경험이 없는 전혀 새로운 기업과의 국제 합작보다는 공동경험이 있는 기업을 파트너로 선택함으로써 기업의 운영이나 파트너에 대한 신뢰감 형성 및 상호 협력 분위기 형성 등에 있어서 유리할 것이라는 관점에서 집단 간 차이를 살펴보았으나 별 차이가 없는 것으로 조사되었다.

집단 간 차이가 없다는 결과를 통해서 얻을 수 있는 시사점은 다음과 같다.

첫째, 과거의 공동사업경험 유무는 성과에는 직접적인 영향을 미치지 않지만 파트너 간의 갈등 감소에는 정의 효과를 미친다는 것이다. 과거의 경험이 있는 기업과의 합작은 파트너 간의 갈등 감소를 통하여 쌍방의 장기적인 협력 분위기의 조성을 가능하게 장기적으로는 성과에 영향을 미칠 수 있을 것이다.

두 번째, 과거의 공동사업경험 유무가 기업의 성과에는 직접적인 영향을 미치지는 못하지만 단순 비교에서는 기업의 경영성과에 영향을 미칠 수 있다는 것이다. 수익성 측면에서는 공동사업경험이 정의 관계를 보인다는 것을 고려할 때 기존 거래업자를 활용하는 것도 하나의 좋은 대안이 될 수 있다.

3. 合作 파트너의 形態(類型)와 成果와의 關係

1) 합작 파트너의 형태

〈부표 11〉을 보면 전체의 36.8%인 35건이 동종의 제조 기업과 합작을 하고 있는 것으로 응답하였다. 그 다음이 기타(24건, 25.3%)의 경우이다. 기타라고 응답한 기업들은 제조 및 판매를 겸하고 있는 파트너인 경우나 개인(3건), 타 업종의 제조 기업, 본사 부품의 완제품 제조업체 등이라는 응답이 많았다.

이와는 달리 대한상공회의소에서 발표한 자료에 의하면 국제 합작 투자의 주된 파트너의 형태는 현지의 민간 기업의 비중이 76.6%로 가장 높으며, 그 다음이 현지 정부(15.5%), 3국 민간 기업(5.1%) 및 기타 등으로 조사되었다.[2]

특징적인 것은 현지의 무역 기업이 18건(18.9%)을 차지하고 있는 것인데 이는 단순히 판매 능력이 있는 기업과의 합작을 통하여 현지 파트너의 판매 능력을 최대로 활용하면서 기업운영에 대해서는 직접적인 참여를 배제시킴으로써 갈등은 줄일 수 있는 방법으로 선호되기 때문이라 할 수 있다.

---

2) 대한상공회의소, "한국과 일본 기업의 해외직접투자전략 비교연구", (1993. 12), pp.74-78.

186

〈附表 11〉 한국 기업의 현지 파트너 형태

표본 \ 형태	국영 기업		정부기관		동종제조 기업		무역 기업		기타		합계	
	건수	(%)	건수	(%)	건수	(%)	건수	(%)	건수	(%)	건수	(%)
전 체	14	14.7	4	4.2	35	36.8	18	18.9	24	25.3	95	100.0
대기업	7	14.3	2	4.1	22	44.9	8	16.3	10	20.4	49	100.0
중소기업	7	15.2	2	4.3	13	28.3	10	21.7	14	30.4	46	100.0

기업 규모에 따른 합작 파트너의 차이를 살펴보면 대기업일수록 동종의 현지 제조 기업을 선호하며(22건) 중·소기업은 기타(14건) 및 동종 제조업(13건)의 순으로 나타났다. 전체적으로 살펴볼 때 한국 기업들의 경우는 국제 합작 파트너를 선정할 때 가장 꺼려하는 경우는 정부기관과의 합작이며, 동종 제조 기업과의 합작(35건 중 22건 62.9%)이 가장 많다는 것이다.

2) 합작 파트너의 형태와 성과와의 관계

파트너의 종류를 크게 민간 기업과 공기업으로 구분하였다. 공기업 형태는 현지의 국영 기업 및 정부 기관과의 합작 기업이며, 민간 기업은 현지의 무역 기업 및 동종의 현지 제조 기업을 포함하였다. 두 개의 집단으로 구분한 것은 일반적으로 민간 기업이 사적인 이윤 추구를 위한 외국의 민간 기업과 동일한 시각을 가질 수 있는 반면에 공기업들은 자국 내의 거시적 목표인 경제 발전과 경쟁력 향상, 기술발전 등을 위해서 기업의 사적인 이윤

추구와 반대 정책을 시행할 수 있으며 외국 기업으로부터의 일방적인 이전만 강조할 수 있기 때문이다.

두 집단 간의 성과 차이를 검증하기 위하여 T-검증을 실시한 결과는 〈부표 12〉과 같다. 검증 결과를 살펴보면 파트너의 종류는 성과에는 아무런 영향을 미치지 않는 것으로 나타났다. 이는 결국 합작 파트너가 민간 기업이든 정부 기관이든 합작 기업의 성과에는 영향을 미치지 않는다는 것이다.[3]

〈附表 12〉 파트너의 종류와 성과와의 T-검증 결과

T검증 종속 변수	개인 기업(53건)		공기업형태(18)		T	P
	평균	표준편차	평균	표준편차		
매출액 성장률	0.4460	0.553	0.6939	1.179	0.86	0.400
3년 평균 순이익	1,028,128	3,319,736	816,486	2,546,329	−0.25	0.806
주관적 만족도	4.4528	1.408	4.6111	1.145	0.43	0.668

따라서 합작 파트너의 형태에 따라서 성과에 차이가 있다는 논거는 기각되었으며 기존 외국논문과의 상반된 결과[4]를 보이고 있어 해석상의 주의가 요망된다. 이와 같은 원인이 발생한 이유는 다음과 같다.

① 선진국 기업들의 현지 진출목적은 내수 시장진출을 통한

---

3) 파트너의 종류를 정부기관과 무역 기업 간 그리고 동종 제조 기업과 정부기관 및 무역 기업 간의 집단 간으로 더욱 세분하여 T-검증을 실시한 결과도 집단 간 차이에 있어서 유의한 관계는 보이지 않는 것으로 조사되었다.

4) Beamish(1985), Reveed & Renforth(1983), Franko(1983) 등의 논문에서는 공기업과 현지의 개인 기업으로 구분하여 성과와의 관계를 살펴본 결과 개인 기업의 성과가 높거나 불안정률이 낮게 나타났다.

현지에서의 수익성 확보 차원이 강하기에 현지국의 경제발전과 수출 촉진을 추구하는 현지 정부와의 갈등이 발생할 수 있으며, 현지 정부의 비능률성 등이 기업의 성과를 낮출 수 있다. 그러나 한국 기업들의 경우 주된 진출 목적이 저임금 확보를 통한 제3국 진출이 많다고 볼 때(설문 결과 전체의 50% 정도가 제3국 진출목적임) 현지 정부의 목적과 일치하며, 오히려 정부 측의 협력도 받을 수 있기 때문이다.

② 파트너의 대정부 협상 능력을 활용하기 위한 것과 현지에서의 대정부 관련 공사의 수주 능력을 중시하는 목적이 선진국 기업보다 한국 기업에서 높기 때문이다. 특히 개도국(중국 및 인도네시아)에 대한 진출을 확대하고 있는 시점에서 정부 측의 협력을 중시하게 되며 개도국의 특성상 개인 기업보다는 정부기관을 활용하는 것이 공사수주나 기업운영상에 여러 가지 혜택이 부과되기 때문이다.

그러나 한국 기업의 국제합작 투자를 조사한 이철(1991)의 논문과는 일치한다. 즉 정부기관과 민간 기업 간의 성과에는 유의한 차이가 없으며, 불안정률에서는 정부기관과의 합작이 더 높은 것으로 조사되었다. 따라서 한국 기업의 경우에 있어서는 합작 파트너의 형태와 성과와의 관계에 대한 체계적인 연구의 보완을 통하여 외국논문과의 차이 원인 등을 규명하는 것이 필요한 시기라 할 수 있다.

4. 合作 企業의 流通經路, 原資材 調達處 및 販賣市場

1) 합작 기업의 유통경로형태

한국 기업의 해외합작법인에 대한 유통 경로 중 가장 많이 활용하고 있는 것은 상대방 파트너의 기존 경로(27건)라고 응답하였다(〈부표 13〉 참조). 이러한 수치는 대한상공회의소의 자료와 거의 일치(28.8%가 판매를 위한 합작임)한다.[5]

〈附表 13〉 합작 기업의 해외유통경로 형태

구분기준 유통형태	전체 표본		대기업		중소기업	
	건수	백분율	건수	백분율	건수	백분율
합작 파트너의 기존 경로 이용	27	28.4	19	38.8	8	18.4
별도 제3기업의 유통 경로 활용	19	20.0	12	24.5	7	15.2
별도의 판매법인 설립	9	9.5	2	4.1	7	15.2
현지의 외부 유통 경로 활용	16	16.8	7	14.3	9	19.6
기　타	24	25.3	9	18.4	15	32.6
합　계	95	100.0	49	100.0	46	100.0

그 다음은 기타 경로(24건 25.3%)로서 어느 한 가지 형태의 유통 경로를 활용하는 것이 아니라 본사와 합작 파트너의 유통 경로를 공동으로 활용(두 가지 이상의 유통 경로를 동시에 활용)하고 있거나 OEM으로 진출한 기업들이 OEM 업체의 유통 경로

---

5) 대한상공회의소, 전게서, (1993. 12), p.78.

를 활용하는 경우이다. 그리고 합작 기업의 유통망을 위한 별도의 새로운 법인을 설립한 경우는 9건에 불과한 것으로 나타났다.

기업 규모별로 그 차이를 살펴보면 대기업보다는 중·소기업이 별도의 판매 법인을 설립한 비율이 더 높은 것으로 조사되었다. 이는 국내 대기업의 경우 종합상사나 별도 판매 법인의 유통망을 통한 유통 경로가 있는 데 비하여 중·소기업들의 경우는 별도의 판매 법인을 갖추지 못하였기 때문이라 할 수 있다.

2) 合作 企業의 源資材나 部品의 調達處

합작 기업의 원자재나 부품의 조달처는 〈부표 14〉와 같다. 전체 표본의 49.5%인 47건이 국내 모기업으로부터 조달하고 있다고 응답하였으며, 그 다음이 현지의 외부 기업(15건)이라고 조사되었다. 이와는 달리 현지 합작 파트너로부터 구입하고 있다는 응답은 5건에 불과해 합작 기업의 부품공급처로서의 기여도는 굉장히 낮은 것이라 평가할 수 있다. 현지의 외부 기업으로부터 구입하는 비중은 15.8%이며, 국내의 제3기업으로부터 구입한다는 기업도 6건을 차지하고 있다.

〈附表 14〉 합작 기업의 원자재 조달처

구분기준	전체 표본		대기업		중소기업	
	건수	(%)	건수	(%)	건수	(%)
현지 합작선	5	5.3	2	4.1	3	6.5
국내 모기업	47	49.5	21	42.9	26	56.5
현지 외부 기업	15	15.8	9	18.4	6	13.0
제3국 기업	10	10.5	7	14.3	3	6.5
국내 제3기업	6	6.3	4	8.2	2	4.3
기 타	12	12.7	6	12.2	6	13.3
합 계	95	100.0	49	100.0	46	100.0

기업 규모에 있어서는 중·소기업일수록 모기업으로부터 조달 비중(대기업은 42.9%이나 중·소기업은 56.5%를 차지)이 높다는 점에서 차이가 있다. 업종별로 살펴보면 신발·가죽이 6건, 그리고 섬유·의복의 경우는 15건이 한국 모기업으로부터 원자재를 공급받고 있다.6) 기타 제조업의 경우도 58.3%의 높은 비중을 보이고 있다. 이러한 결과는 이들 업종들이 국내에서의 산업 사양화와 임금 상승에 따른 생산 기지의 해외 이전 결과 나타난 것이라 할 수 있다.

3) 합작 기업 생산 제품의 판매시장

합작 기업에서 생산된 제품의 주력 판매 시장의 결과는 〈부표 15〉와 같다.

---

6) 한국섬유산업연합회, "섬유류 해외투자 실태조사 결과보고서", (1995. 9), p.24 아시아 지역에 진출한 섬유류의 경우(단독과 합작 포함) 한국으로부터 원·부자재를 수입하는 비중이 63%, 제3국 수입이 33%, 현지 조달은 4%였다.

<附表 15> 합작 기업의 판매 시장 구성 비율

판매시장 \ 업종	전체	음식료업	섬유의복	신발가죽	목재가구	석유화학	비금속광물	1차금속	조립금속	기계장비	기타제조
한국으로 수출	0.15	0.12	0.10	0.05	0.47	0.14	0.28	0.45	0.14	0.08	0.17
제3국 수출	0.50	0.34	0.61	0.77	0.30	0.41	0.24	0.10	0.50	0.64	0.55
내수 시장판매	0.35	0.54	0.29	0.18	0.23	0.45	0.48	0.45	0.36	0.28	0.28

생산 제품의 50%는 제3국에 수출하고 있으며, 내수 시장에 판매하는 비율은 35%, 한국으로 역수출한다는 응답은 15%를 차지하고 있다. 그리고 내수 판매비율이 100%인 것도 13건(13.7%)을 차지하고 있으며 내수 판매비율이 하나도 없는 건수는 30건(31.6%)으로 조사되었다. 직접적인 비교는 어렵지만 중·소기업의 연구[7]와 대한상공회의소의 연구[8] 및 본 연구의 실증결과를 비교할 때 하나의 특징은 한국 기업의 국제화가 진전되면서 현지 내수 시장을 공략하기 위한 목적의 진출은 증가하는 반면, 제3국 시장진출과 한국으로의 역수출 비중이 떨어지고 있음을 알 수 있다.

업종별로 살펴보면, 한국으로 수출하는 비중이 가장 높은 것은 목재·가구(47%) 및 1차 금속(45%)이다. 반면 현지 시장에서의 내수 판매가 가장 높은 업종은 음·식료업(54%)과 석유·화학

---

7) 중소기업진흥공단, 전게서, (1991. 10), pp.108-111. 전체 표본 111개 업체들 중 68개 업체는 현지국에 대한 매출이 전혀 없는 반면 11개 업체는 전액 현지국 시장판매를 주목적으로 한다고 조사되었다. 수출비중을 고려할 때 중소기업은 90% 그리고 대기업은 66%가 한국시장을 대상으로 하지 않고 있다는 지적을 하였다.

8) 대한상공회의소, 전게서, (1993. 12), pp.64-66. 현지 판매비중은 33.3%, 제3국 수출은 58.3%, 한국으로 역수출은 8.3%임.

(45%), 비금속광물(48%), 1차 금속(45%)으로 나타났다. 그리고 제3국 수출을 가장 많이 하는 것은 섬유·의복(61%), 신발·가죽(77%)으로 나타났는데 이들 업종들은 OEM 비중이 높으며 OEM 업체의 주문에 따라서 생산 기지를 이전하거나 가격경쟁력을 확보하기 위한 차원에서 인건비가 싼 지역에서 생산한 다음 제3국 수출을 도모하기 때문이다.

5. 合作 企業의 마케팅 戰略 및 廣告費 比重

1) 마케팅 전략의 표준화 및 적응화

한국 합작 기업들의 현지 생산제품에 대한 국제마케팅 프로그램의 표준화 및 적응화 정도를 살펴보면 〈부표 16〉과 같다. 전체 업종에 있어서는 제품·가격·촉진·유통정책에 있어서 국내에서 실시하는 것과 완전히 똑같은 전략이나 현지에 맞는 적응화 전략을 실시하는 것이 아니라 중간 정도의 전략을 실시하고 있는 것으로 조사되었다. 업종별로 살펴보면 목재·가구의 경우 국내정책과 가장 큰 차이점을 보이고 있으나 광고정책에서는 오히려 큰 차이를 보이지 않고 있는데 이는 내수 판매의 비중이 낮기 때문이라 생각된다. 그리고 음·식료업의 경우 국내와의 차별성이 가장 크게 나타나고 있는데 이는 현지 적응이 필요한 산업 특성 때문이라 할 수 있다.

<表 16> 합작 기업의 판매 시장 구성 비율

4P \ 업종	전체	음식료업	섬유의복	신발가죽	목재가구	석유화학	비금속광물	1차금속	조립금속	기계장비	기타제조
제품정책	3.56	4.25	3.42	3.67	5.00	3.40	3.11	3.00	3.47	3.00	3.83
가격정책	3.79	4.00	3.67	3.67	5.33	3.50	4.00	3.50	3.71	3.25	3.67
광고정책	3.78	5.00	3.25	4.50	4.33	3.90	4.22	4.00	3.29	3.50	4.17
유통정책	3.93	4.63	3.45	4.67	5.33	4.00	3.67	3.50	3.82	4.00	4.00

2) 광고비 비중

전체 표본 중에서 현지에서 광고를 실시하고 있는 기업들은 28 건 29.5%에 불과하였다. 이러한 결과는 현지 내수 판매시장 비율이 35%에 이르고 있는 것에 비하면 다소 낮은 수치라 생각된다. 그러나 한편으로는 내수 판매비율이 높은 기업일수록 현지에서 광고를 실시하고 있는 경우가 많다는 사실에서 내수 판매비중과 광고의 실시여부 간에 정의 상관관계를 찾을 수 있다. 현지에서 광고를 실시하고 있는 기업들의 광고비 비중은 매출액 대비 0.0 3%에 불과하며 광고를 실시한다 하더라도 단발성 광고나 잡지 광고에 치우치고 있다는 응답을 얻었다.

업종별로 보면 음·식료업의 경우 62.5%인 5건(총 8건)이 석유·화학업종은 50%로 5건이 광고를 실시하고 있는 것으로 조사되었다. 반면에 현지에서 광고비 비중이 낮은 기업은 섬유·의복업으로서 12.5%인 3건에 불과하다. 이러한 결과는 이들 업종의 OEM 비중이 높다는 것에서 찾을 수 있을 것이다. 업종별 광고비 비중을 살펴보면 석유·화학이 매출액 대비 0.6%로서 다른 업종에 비하여 높게 나타났으며 섬유·의복업은 0.008%에 불과해 거의 광고를 실시하지 않는 것으로 조사되었다.

6. 韓國 企業들의 國際合作投資 動機

한국 기업의 국제합작 투자에서 가장 중요한 동기는 현지국의 규제(95건 중 27건으로서 28.4%) 때문으로 조사되었다(〈부표 17〉 참조).

그 다음이 합작 파트너의 대정부 협상 능력이나 정부 관련 공사를 수주할 수 있는 능력(16건)을 활용하기 위한 것으로 현지국 내에서의 대정부 관계를 이용한 국책 사업 및 현지국의 내수 시장 진입을 위한 목적이 강하기 때문이다.

세 번째 동기는 자사의 부족한 자본을 보충하기 위한 것(14건)이며, 현지국의 시장 정보의 습득과 파트너가 보유하고 있는 마케팅 기법이나 유통 경로의 활용을 위한 동기가 12건씩을 차지하고 있다. 그리고 기타 요인들(12건)로는 파트너의 요구나 두 개 이상의 목적이 상호 복합적인 경우가 있다.

이 밖에 한국 기업의 합작 투자 동기에서 가장 특징적인 것은 파트너가 보유하고 있는 기술습득을 위한 것이 중·소기업만이 2건에 불과하다는 것인데 이러한 결과의 이유로는 다음과 같은 것을 들 수 있다.

첫째, 합작 대상이 주로 동남아 현지의 기업들로써 한국 기업들이 요구하는 수준의 기술력을 가진 기업들이 부족하다는 사실과 투자 목적이 값싼 노동력의 확보 및 현지 시장에 관한 지식을 다 중요하게 생각하기 때문이다.

<附表 17> 한국 기업의 해외합작 투자 동기

투자동기 \ 구분기준	중·소기업		대기업		전 체	
	건수	(%)	건수	(%)	건수	(%)
현지국 정부의 단독규제 때문	18	39.1	9	18.4	27	28.4
파트너가 보유한 기술습득	2	4.3			2	2.1
파트너로부터 시장정보 습득	9	19.6	3	6.1	12	12.6
파트너로부터 자본보충	5	10.9	9	18.4	14	12.7
마케팅 기법 및 유통경로 활용	3	6.5	9	18.4	12	12.6
대정부 협상·정부관련공사 수주능력활용	7	17.4	8	16.3	15	16.8
기 타	1	2.2	11	22.4	12	12.6
합 계	46	100.0	49	100.0	95	100.0

두 번째는 한국 기업들의 기술습득을 위한 투자는 선진국 지역에 많으나 이들 지역의 경우 자본 참여를 통한 공동경영이 아닌 단순히 기술습득이나 기술공정에 참여하는 단순 자본 참여에 불과하다는 것이다.[9]

---

9) 합작 기업에 대한 전화 연락을 통한 질문에서 이러한 응답을 많이 얻었다.

7. 合作投資形態

　합작 사업의 형태를 수직적 형태(부가가치 활동에서 차이가 있는 기업과 합작)인지 아니면 수평적 형태(동일한 부가가치 활동을 가지고 있는 기업 간 합작) 혹은 복합적(현재의 사업과 전혀 무관한 부가가치 활동을 지니는 사업체와의 합작) 형태인가를 조사한 결과는 〈부표 18〉과 같다.

　〈부표 18〉의 결과를 보면 전체의 57.9%인 55건이 수직적 형태이다. 수직적 형태의 진출이 많은 것은 단순 제조업 분야에서 현지국의 싼 임금 활용 및 국내에서 노후화된 생산 기술 및 설비의 판매를 통한 수익성 확보 차원에서 한국 기업들이 동남아나 중국 시장으로 많이 진출하기 때문이라 할 수 있다. 그리고 두 번째는 공동 기술개발이나 동종·동질의 제품 생산을 위한 수평적 형태의 진출이 24건 24.4%를 차지하고 있다. 마지막으로 당사의 사업과는 무관한 제품이나 기술을 가진 기업과의 합작인 복합적 형태의 진출도 16건 16.8%를 차지하고 있다.

〈附表 18〉 합작 사업의 형태

구분기준 형태	전체		대기업		중·소기업		동남아 지역	
	건수	백분율	건수	백분율	건수	백분율	건수	백분율
수직적 형태	55	57.0	29	59.2	26	56.5	49	57.0
수평적 형태	24	24.4	12	24.5	12	26.1	21	24.4
복합적 형태	16	18.6	8	16.3	8	17.4	16	18.6
합　계	95	100.0	49	100.0	46	100.0	86	100.0

〈附表 19〉 업종별 해외합작 투자 형태

	음식료업		섬유의복		석유화학		비금속광물		조립 금속		기타 제조	
	건수	(%)	건수	(%)	건수	(%)	건수	(%)	건수	(%)	건수	(%)
수직 형태	6	75.0	8	33.3	6	60.0	6	66.7	11	64.8	7	58.3
수평 형태	112.5	11	45.8	3	30.0	1	11.1	3	17.6	3	25.0	
복합 형태	1	12.5	5	20.9	1	10.0	2	22.2	3	17.6	2	16.7
합 계	8	100.0	24	100.0	10	100.0	9	100.0	17	100.0	12	100.0

업종별 합작 투자의 형태는 〈부표 19〉와 같다. 먼저 섬유·의복업은 국내에서의 산업 성숙화로 인한 국내 생산 설비의 이전과 현지에서의 저임 노동력 확보 차원에서 이전하는 경우가 많다. 이 결과 수직적 형태의 진출과 수평적 형태의 진출이 80%가량을 점하고 있다. 음·식료업의 경우는 전체의 75%가 수직적 형태(국내의 생산 기술 및 설비 제공과 현지에서 원재료 확보)이며, 수평과 복합적 형태가 각각 12.5%를 점하고 있다. 기타 제조업의 경우도 수직적 형태가 58.3%를 점하고 있으며 조립금속업도 수직적 형태가 64.8%로서 국내와의 차별적 제품의 생산을 통한 가격경쟁력 확보를 중시하는 것으로 나타났다.

8. 合作 企業의 勞務管理 및 動機附與方案

1) 노사분규발생 여부

합작 기업체의 노사분규의 발생 여부에 대한 설문 결과 전체의 16.8%인 16건만이 노사분규 발생 경험이 있다고 응답하였다. 노사분규의 발생원인 중에서 가장 높은 비중을 차지하는 것은 모기업이 파견한 관리자의 현지인과 현지 문화에 대한 이해부족(31.3%인 6건)이며 그 다음이 모기업 파견 관리자의 현지국 노동환경과 노동관계 법규의 이해부족(4건 25%), 합작 법인 내 노무관리 전담자 및 전담 부서의 미비(1건 6.3%) 등으로 조사되었다. 단독에 대한 규제가 있는 지역일수록 없는 지역에 비하여 분규가 다소 높은 것(22.2% 대 14.7%)으로 나타났으며 기업의 국제화 경험과의 관계에서는 역 V자(6-10년인 기업이 가장 비율이 높으며 경험이 적거나 많아질수록 적어짐)를 보이는 것으로 조사되었다.

2) 동기부여방안

합작 기업의 동기부여의 여부를 질문한 결과 86.3%인 82건이 별도의 동기부여 정책을 실시하고 있다고 응답하였다. 가장 많은 수단은 각종 유급휴가 및 보너스 제도의 실시(35건 42.7%)이며 그 다음이 다른 기업보다 높은 임금의 보장(28%인 23건)이며 정기건강 검진 및 의료보험 제도의 실시는 1건에 불과하여 대부분이 임금과 관련된 동기부여수단을 가장 많이 활용하고 있다고 응답하였다.

9. 合作企業들의 損益分岐點 達成 期間

　합작 기업체에 대한 손익분기점의 달성 기간을 〈부표 20〉을 통해 보면 평균적으로 3년 6개월(3.568)가량 소요된다 하였다. 최단 기간은 5개월이며(1건) 가장 오래 걸린 기간은 10년(3건)으로 나타났다. 3년 정도 소요된다는 기업이 가장 많았으며(29건 30.5%) 그 다음이 2년(20건 21.1)으로 응답하였다. 업종별로 살펴보면 가장 짧은 업종이 음·식료업과 1차 금속으로 2년 5개월이며, 가장 장기간은 비금속광물로써 5년 2개월 정도이다.

〈附表 20〉 합작 기업의 손익 분기점 달성기간

	전체	음식료업	섬유의복	신발가죽	목재가구	석유화학	비금속광물	1차금속	조립금속	기계장비	기타제조
손익분기년도	3.57	2.50	3.25	4.50	3.33	3.90	5.17	2.50	3.44	2.75	3.67

10. 合作 企業의 單獨 轉換 및 撤收 動機

1) 合作에서 單獨으로 轉換한 動機

　합작에서 단독으로 전환한 기업은 전체 모집단 중 5.7%인 21건으로 집계되었다. 21건 중 12건은 전화 면접이나 직접 면담을 통하여 단독으로 전환한 사유를 질문하였으며 나머지 9건은 한국은행 간 해외투자현지법인 현황 자료 중 92년 12월 자료와 96년 6월 30일 자료를 비교하여 단독으로 재기록되어 있는 기업들이다.

첫째, 합작 사업의 실시 후 파트너의 기여도가 부족하다는 판단하에 단독으로 전환한 1개 기업이 있었으며, 초기에는 리스크 감소를 위하여 합작하였다가 일정 기간 경과 뒤 단독으로 전환한 기업(1건)도 있었다. 그리고 중국 시장에 처음 진출하였을 때는 합작이었으나 현지에서의 관료들과의 충분한 꽌시 관계의 구축 후 합작 기업체를 정리하여 단독 형태로 전환한 기업(1건)도 있었다.

둘째, 외국 기업에 의한 현지 기업의 합병을 허용하지 않는 국가에 진출하면서 지주회사를 먼저 설립하고 난 뒤 다시 별도의 현지인과의 합작회사를 설립한 후 3년이 경과한 뒤 지주회사와 현지의 합작회사를 합병한 경우(1건)이다.

셋째, 합작에서 발생할 수 있는 파트너의 자본 참여 노력 부실 및 파트너와의 갈등 관계 때문에 단독으로 전환한 경우도 5건이 있었다. 특히 베트남 지역에 진출한 가방제조업체는 파트너의 자본주의 사고방식의 미비로 인한 기업운영상의 갈등이 직접적인 원인이 되어 단독으로 전환한 경우도 있었다. 그리고 중국에 진출한 한 기업체의 경우는 현지 파트너가 기업경영권을 쟁취하려는 소송을 함으로써 이들과의 힘든 법정 싸움 끝에 경영권을 유지한 기업이 있었다(1건).[10]

---

10) 현지에서 근무 경험을 볼 때 작은 규모의 중·소기업들은 중국 측의 경영권 쟁탈에 대해서 제대로 법적인 대응도 못하고 경영권을 빼앗기는 경우도 많다

넷째 기타 요인으로써 합작 사업에 대하여 대체로 만족하며 파트너와의 갈등관계도 없으나 현지에서의 법 개정으로 인한 단독 사업의 영위가 가능하며, 기업운영상의 편리성을 추구하기 위해서 단독으로 전환한 기업이 있었다(1건). 그리고 현지 파트너 측이 자사의 지분을 철회한다는 주장에 따라서 한국 기업이 단독으로 전환한 수동적인 경우도 있었다(1건).

다섯째, 한국은행 간 해외현지법인 현황의 92년 12월 자료와 95년 6월 30일 자료를 비교한 결과 합작에서 단독으로 전환된 기업이 9건 있었다.

2) 合作 企業의 撤收 動機

합작 사업을 종료한 경우는 전체 모 집단 중에서 12.3%인 45건이었다. 기업들의 철수 사유를 살펴보면 다음과 같다.

첫째, 합작 사업의 성과 부진 때문이다(10건). 원래 예상한 것과는 달리 현지에서의 경영환경의 변화 및 사업체의 실질적인 운영상의 기간이 오래 걸리고 예상보다 해외사업부문의 성과가 미진한 이유 등이다.

둘째, 투자 목적을 달성한 후 철수한 형태가 3건 있었다. 이는 합작 사업 본래의 투자 목적을 달성하고 충분한 투자 수익을 확보한 뒤 현지에서 사업체를 매각한 다음 다른 지역으로 회사를 이전한 경우이다.

고 지적하였다. 따라서 중국 현지에서의 법적인 계약서는 중요치 않으며, 현지에서의 꽌시의 장기적 형성이 가장 중요하다 하였다.

셋째, 파트너 간의 갈등과 상대방 파트너의 사업계속의지 부족 및 사업 운영능력이 미미한 경우(6건)이다. ① 합작 사업 후 예상보다 많은 자금의 소요는 파트너로 하여금 투자 의지를 감소시켜서 투자를 중단하게 하였으며 이는 한국 기업으로 하여금 현장만 남겨두고서 사업을 거의 종료하게 한 경우이다. ② 중국에 진출한 한 중·소기업은 거리 관계로 인한 관리상의 어려움 및 파트너와의 갈등 등으로 철수하였다. ③ 목재·가구산업의 경우는 현지 정부의 원자재 유출 금지에 따른 파트너와의 갈등 발생 및 역할 미비로 인한 철수 사례도 있다.

넷째, 모기업의 부도로 인한 사업철수 및 형식상 사업체만 존재하는 경우도 5건이나 있었다. 기타 제조 업종(텐트 및 앨범)과 섬유 산업의 경우 무리한 해외진출로 인한 국내 모기업의 자본 사정 악화 및 산업 전반에 걸친 불황이 사업의 실패 및 모기업의 부도로 이어져 현지 사업을 지속할 수 없는 경우이다.

이 밖의 기타 사유(7건)가 있다. ① 국내 모기업의 사장 교체로 인한 해외공장의 철수(1건) ② 현지 정부의 원자재 유출금지에 따른 투자 목적의 상실(1건) ③ 국내에서의 외국 기업과의 합작 사업을 진행하기 위하여 현지에 진출한 합작 사업체를 정리한 경우(1건) ④ 제조업체와 동반 진출하였다가 제조업체의 부도로 인한 원재료 공급업 및 생산 기지의 철수로 덩달아 철수한 경우(1건) ⑤ 사업 불안과 사업상의 문제로 인해 청산 진행 중인 기업(2건) ⑥ 현지 수입대리상의 요청에 따라 구체적인 사업환경분석 없이 관세 인하를 목적으로 합작 사업을 하였으나 진출 후 현지에서의 관세자유화로 투자 목적을 상실하고 철수한 경우이다.

마지막으로 한국은행 간 해외현지법인 현황의 92년 12월 자료와 95년 6월 30일 자료를 비교한 결과 철수한 업체로 판명된 기업은 14건이 있었다.

3) 其他 事由로서 形式上 合作인 境遇

이 밖의 사유로서 한국은행에서 발간된 해외현지법인 현황에는 합작으로 되어 있으나 사실상 합작이 아닌 경우가 31건이나 되었다.

첫째, 자본만 투자하고 사실상의 기업운영이나 경영에는 전혀 참여하지 않는 증권투자의 형태가 6건이 있었다. 이와 유사한 경우로서 연구개발을 위한 자본 참여만 하고 있는 경우도 있었는데 이는 주로 기술집약적 산업과 제약 업종에서 연구개발을 위한 형태의 자본 참여가 발생하는 경우이다.

두 번째, 공장은 건설하였으나 사업 활동을 하지 않으며 허가만 받아 놓은 다음에 아직까지 본격적인 기업경영을 하지 않는 경우가 4건 있었다. 허가 받은 뒤 3년 이상이 경과하였지만 아직까지 공장을 운영하지 않는다는 것은 사업의 실패나 기업운영 과정에서 발생한 예기치 않은 상황 변화 때문이라 생각된다.

세 번째, 현지국의 규제에 대응하기 위한 소극적 방안으로써 한국계 교포나 개인을 파트너로 선택하는 것이다. 이들 파트너의 역할은 미미하며 기업운영은 단독과 같다는 것이다. 주로 인도네시아에 진출한 기업들로서 15건이 있다.[11]

---

11) 인도네시아에 진출한 한국 기업들의 경우 기업운영상의 편리성과 단독에 대한 규제에 대응하기 위하여 현지 교포를 파트너(투자 자금은 본사가 하며 명의만

네 번째, 기타 사유로서 OEM 업체와 공동으로 합작 진출하였으나 OEM 업체가 지분을 포기하고 사업을 포기함으로써 단독 형태로 진행 중인 기업이 있으며, 모기업의 부도로 인하여 해외 사업체에 대한 질문 자체가 불가능한 경우가 2건 있었다. 그리고 중국에 진출하면서 중국파트너가 아닌 홍콩 측 파트너를 합작 파트너로 선택하는 경우 등도 있었다.

빌림)로 합작을 하는 경우가 많다. 이들 합작 사업체의 경우 순이익이 발생하는 경우 이들 형식상의 파트너가 지분에 대한 배당을 요구함으로써 많은 기업들이 사업을 종료하고 철수하는 경우가 많기에 이들 교포를 파트너로 선택하는 것이 최악의 사업 선택이 될 수 있다는 의견을 직접 방문을 통해 많이 들었다. 따라서 중요한 것은 단독 규제에 대한 대응책으로서 교포와의 합작을 할 때 이들 교포에 대한 신중한 선택과 한국 기업들에게 도움이 될 수 있는 현지 제조 기업과의 합작을 시도하는 것이 필요하며, 현지 파트너에 대한 자세한 정보를 제공할 수 있는 여러 정보원(정부기관 및 기업 간 정보 공유)이 절실하다 하였다.

<附錄 3> 說問書

> 귀하께서는 응답문항 중 가장 적합한 번호에 √표시를 하시면
> 됩니다. 그리고 항목 중에서 적합한 응답이 없다면 기타 란에 표
> 시를 해주시고 그 내용을 간략히 적어주시면 고맙겠습니다.

A. 귀사의 합작법인명 (   )

B. 귀사 합작법인의 지분비율 (%)

C. 귀사 모기업의 수출이나 해외직접투자 등 최초 국제사업참가
   는 몇 년도입니까? (년)

1. 귀사는 왜 단독 투자 대신에 합작투자를 선택하였습니까? (가
   장 중요한 것 하나만 표시하십시오)

① 현지국 정부의 단독 투자에 대한 규제 때문에

② 파트너가 보유하고 있는 기술습득을 위해서

③ 파트너로부터 현지국 시장에 관한 정보를 얻기 위해서

④ 파트너의 자금력을 통하여 본사의 자본부족을 해소하기 위하여

⑤ 파트너가 보유하고 있는 특허권이나 상표권 등의 지적재산권
   습득을 위하여

⑥ 파트너가 보유하고 있는 마케팅 기법이나 유통경로활용을 위해서

⑦ 파트너의 대정부 협상능력이나 정부관련공사를 수주할 수 있
   는 능력을 활용하기 위하여

⑧ 기타(   )

2. 귀사 사업과의 관련성을 고려할 경우 합작 사업의 성격은 다음 중 어느 것이라 하겠습니까?

① 수직적 형태(부가가치 활동의 차이가 있는 기업과 합작한 경우로서 귀사가 생산기술이나 제조기술을 제공하며, 합작 파트너가 원재료나 부품을 제공하든지 혹은 유통망을 제공하는 형태)

② 수평적 형태(부가가치 활동이 동일한 기업 간의 합작으로서 공동기술개발이나 귀사 생산제품과 같은 것을 생산하는 합작 파트너를 선택)

③ 복합적 형태(귀사가 현재의 사업과 전혀 무관한 제품이나 기술을 가진 가업과 합작)

Ⅰ. 다음은 해외현지합작법인의 조직운영에 관한 설문입니다.

4. 다음 항목에 대하여 귀사가 실제 행사하고 있는 통제 정도는 어느 정도입니까?

매우 낮다	중간 정도	매우 높다
1　　2	3　　4　　5	6　　7

① 제품가격　　　　　　　　　　　　　　　1　2　3　4　5　6　7
② 제품디자인　　　　　　　　　　　　　　1　2　3　4　5　6　7
③ 생산계획(production scheduling)이나 과정　1　2　3　4　5　6　7
④ 품질통제　　　　　　　　　　　　　　　1　2　3　4　5　6　7
⑤ 광고 및 촉진정책　　　　　　　　　　　1　2　3　4　5　6　7
⑥ 공급업자 선택　　　　　　　　　　　　1　2　3　4　5　6　7
⑦ 유통정책　　　　　　　　　　　　　　　1　2　3　4　5　6　7
⑧ 고용과 해고　　　　　　　　　　　　　1　2　3　4　5　6　7
⑨ 임금 및 노무관리정책　　　　　　　　　1　2　3　4　5　6　7
⑩ 비용이나 원가 및 예산부문　　　　　　1　2　3　4　5　6　7
⑪ 배당정책　　　　　　　　　　　　　　　1　2　3　4　5　6　7
⑫ 조직운영 전반에 있어서 귀사의 통제 정도는 몇 %입니까?

0%	10	20	30	40	50	60	70	80	90	100

5. 아래 문항에 대한 귀사 판단 시 현지 파트너의 사업기여 정도는 어느 정도입니까? 기여 정도란 외국합작선이 합작 기업운영에 공헌하는 정도를 의미합니다.

매우 낮다		중간 정도			매우 높다	
1	2	3	4	5	6	7

① 현지 시장에 대한 빠른 진입   1 2 3 4 5 6 7
② 저렴한 노동력 확보에 기여   1 2 3 4 5 6 7
③ 천연자원·원자재의 공급에 기여   1 2 3 4 5 6 7
④ 현지경영실태에 관한 지식을 제공   1 2 3 4 5 6 7
⑤ 현지 시장이나 문화에 대한 일반적인 지
식을 제공   1 2 3 4 5 6 7
⑥ 보다 나은 수출기회의 획득   1 2 3 4 5 6 7
⑦ 기술이나 장비 및 설비의 제공   1 2 3 4 5 6 7
⑧ 경험 있는 유능한 현지 경영자의 확보   1 2 3 4 5 6 7
⑨ 부족한 자본을 보충   1 2 3 4 5 6 7
⑩ 현지국 기업으로서의 이미지 형성   1 2 3 4 5 6 7
⑪ 현지 파트너의 사업기여도에 대한 전반적인 평가 시 몇 % 정도라고 생각하십니까?

0%	10	20	30	40	50	60	70	80	90	100

6. 기업운영과 관련된 아래의 문항들에 대한 귀사와 해외합작 파트너 간의 갈등의 발생은 어느 정도입니까?

없 다			거의 매번 발생			
1	2	3	4	5	6	7

① 제품의 품질 향상, 광고·촉진·유통정 1　2　3　4　5　6　7
　 책 등의 마케팅 관련 문제

② 합작계약조건들에 대한 법적인 해석이 1　2　3　4　5　6　7
　 나 계약조항의 변경 문제

③ 합작 파트너들의 사업 운영에 기여하는 1　2　3　4　5　6　7
　 역할과 기능의 평가 문제

④ 합작 사업의 이익충당금 비율이나 이익 1　2　3　4　5　6　7
　 의 분배조건 등의 문제

⑤ 합작 사업의 고용·해고정책 및 보수 1　2　3　4　5　6　7
　 문제

⑥ 모기업파견 인적 자원들의 조직 내 직위 1　2　3　4　5　6　7
　 나 권한에 관한 문제

⑦ 합작선으로부터 최신 기술을 이전하라는 1　2　3　4　5　6　7
　 요구 문제

⑧ 합작선이 제공하는 투입물(원재료, 부품) 1　2　3　4　5　6　7
　 의 가격 및 품질 문제

⑨ 합작선으로부터 제품생산에 필요한 원자
　 재나 부품을 구입 시 몇 %를 구매하여야 1　2　3　4　5　6　7
　 한다는 구매비율 결정 문제

⑩ 합작 사업 최종 생산제품이 합작선 모기
　 업의 중간재나 반제품으로 사용되는 조 1　2　3　4　5　6　7
　 건의 변경이나 수정 문제

⑪ 귀사와 해외합작 파트너 간의 합작법인운영에 관한 문제에 있어서
　 전반적인 갈등의 발생은 어느 정도입니까?

0%	10	20	30	40	50	60	70	80	90	100

7. 아래 항목에 대하여 귀사가 느끼시는 해외합작 파트너에 대한
신뢰도는 어느 정도입니까?

매우 낮다	중간 정도	매우 높다
1　　2　　3　　4　　5　　6　　7		

① 파트너의 기업운영능력(합리적인 의사결
정능력, 경영철학, 적극적인 마케팅 및 사　　1　2　3　4　5　6　7
업확장추진 능력 등)에 대한 믿음
② 파트너의 사업기여도(최적의 기술을 사
용하거나, 적합한 품질 및 원재료를 공급　1　2　3　4　5　6　7
하고 있다는 믿음)에 신뢰성
③ 현지 파트너는 사업기회변동 시 자기만
의 이익을 위한 기회주의적인 행위는 하　1　2　3　4　5　6　7
지 않을 것이다
④ 현지 파트너가 계약내용이나 약속에 대
해 최대한 준수하려는 노력　　　　　　　1　2　3　4　5　6　7
⑤ 사업 외적인 부문에 대한 파트너의 적극
적인 협력 정도　　　　　　　　　　　　　1　2　3　4　5　6　7

⑥ 현지 파트너에 대한 전반적인 신뢰도는 어느 정도라고 생각하십니까?

0%	10	20	30	40	50	60	70	80	90	100

8. 지금의 합작 파트너와 과거의 합작경험이나 다른 여러 가지
형태 예를 들어 공급업자계약이나 수출대리인, 라이슨싱계약 등
의 공동사업경험이 있었습니까? 예(　　) 아니오(　　)
있다면 다음 중 어느 형태입니까?

① 수출대리인　　　　　② 원재료 공급업자계약관계
③ 라이슨싱계약　　　　④ 유통대리인
⑤ 기존의 합작관계　　　⑥ 기타(　　)

9. 지금 현지 파트너가 귀사 이외의 다른 외국법인과 합작관계의
경험이 있었습니까? 예(　　) 아니오(　　) 잘 모른다(　　)
있다면 다른 외국 파트너의 국적은 어디에 해당됩니까?

①일본 기업　　② 유럽 기업　　③ 미국 기업
④ 대만 기업　　⑤ 한국 기업　　⑥ 기타(　　)

10. 귀사가 합작에 참여하기 전 지금 파트너 이외의 다른 외국 기업과 합작경험이 있었습니까?
예 (　　)　　　　　　　　　　아니오 (　　)

11. 귀사의 현지합작 파트너는 다음 중 어느 종류의 기업입니까?
① 현지의 국영 기업　　　　　　② 현지의 정부기관
③ 귀사와 동종의 현지제조 기업　④ 현지의 무역 기업
⑤ 기타 (　　)

12. 합작대상파트너의 현지 국가 내에서의 시장 내 위치는 어느 정도입니까?
① 상위 3위 이내　　② 상위 6위 이내　　③ 상위 10위 이내
④ 상위 20위 이내　　⑤ 20위 이하

> 귀중한 시간을 할애해 주셔서 대단히 감사합니다. 조금만 더 시간을 내 주시기 바랍니다.

13. 귀사가 현지에서 합작 사업을 설립한 직후의 경영환경과 비교 시 지금 현재 귀사가 느끼시는 아래 환경 요인들의 변화는 합작법인의 기업경영에 어떠한 영향을 미쳤습니까?

매우 부정적		무 영향		매우 긍정적	
1 2	3	4	5	6	7

① 현지국의 경쟁환경(경쟁자 수의 증가나
제품품질경쟁 격화 및 대체재공급의 증가   1 2 3 4 5 6 7
등으로 인한 전반적인 경쟁 정도)의 변화

② 법률 환경(합작법인운영과 관련된 법규
의 변화로서 수출우대조치나 세제상의   1 2 3 4 5 6 7
혜택)의 변화

③ 고객환경(자사 제품에 대한 소비자의 반
응이나 인식 및 소비자 기호의 변화)   1 2 3 4 5 6 7

④ 하부구조환경(도로, 교통, 항만, 전력사정
등)의 변화   1 2 3 4 5 6 7

⑤ 시장환경(현지국 시장의 개방 정도 및 외
국제품에 대한 수용 정도)변화   1 2 3 4 5 6 7

⑥ 경제환경(경제성장률의 둔화 및 현지국
의 대외경제정책의 변경)의 변화   1 2 3 4 5 6 7

⑦ 정치 및 정부환경(정치적 위험도 및 정권
의 안정도 등 국가권력구조의 우발적인   1 2 3 4 5 6 7
사태 발생의 변화

⑧ 현지국 경영환경의 전반적인 변화 정도는
기업운영상에 어떤 영향을 미쳤습니까?   1 2 3 4 5 6 7

14. 현지국 시장 내에서 주된 경쟁대상 기업은 어느 기업입니까?

① 홍콩이나 중국 등의 개도국 기업들

② 일본   ③ 미국   ④ 현지국 제조 기업들

⑤ 한국에서 진출한 다른 기업들   ⑥ 기타 ( )

Ⅱ. 다음은 현지합작법인의 전략관련 분야입니다.

15. 현지합작법인에서 실행되는 마케팅프로그램은 한국에서 귀사

가 수행하는 마케팅프로그램들과 비교할 때 어느 정도 차이가 나는지를 해당란에 표시해 주십시오.

차이가 거의 없다		중간 정도		차이가 매우 심하다		
1	2	3	4	5	6	7

① 제품관련정책　　　　　　　　　　　1 2 3 4 5 6 7
② 광고관련정책　　　　　　　　　　　1 2 3 4 5 6 7
③ 가격관련정책　　　　　　　　　　　1 2 3 4 5 6 7
④ 유통관련정책　　　　　　　　　　　1 2 3 4 5 6 7

16. 합작회사에서 생산된 제품의 주요 판매시장은 어느 곳입니까?
① 내수 판매비율 (%)　　　② 제3국 수출 (%)
③ 한국으로 수출 (%)　　　④ 기타 지역 (%)

17. 현지에서 제품이나 기업에 대한 광고를 하고 계십니까?
　　예( ), 아니오( )
　　광고를 하고 계시다면 광고비는 매출액 대비 몇 % 정도입니까
　　(　　　%)

18. 합작회사에서 생산된 제품의 유통형태 중 가장 많이 활용하는 형태는 어느 것입니까?
① 현지 합작 파트너 기업이 보유하고 있는 기존의 유통경로 이용
② 국내 본사가 합작법인 혹은 판매법인 이외에 유통협력계약에 의한 제3기업의 유통망 활용
③ 국내 본사가 합작법인과는 별도로 설립한 판매법인
④ 현지의 도·소매업체 등의 외부마케팅조직을 활용하는 독립

214

경로 이용

⑤ 기타 (   )

19. 현지합작법인 설립 시 자금조달원천은 어느 곳입니까(%)?

① 현지국 시장 내에서 자금을 조달   -----(%)

② 한국시장 내에서 자금을 조달   -----(%)

③ 국제시장에서 모기업의 명성을 통한 자금조달   -----(%)

④ 국제시장에서 모합작파트너의 명성을 통한 자금조달

-----(%)

20. 귀사 입장에서 합작법인의 자금조달은 어느 방법을 통하여 조달하였습니까?

① 국내시장 내에서 주식시장을 통해서

② 국내시장에서 은행차입을 통하여

③ 국제외환시장에서의 주식예탁증서나 전환사채의 발행을 통해서

④ 국제시장에서 은행차입을 통해서 자금조달

⑤ 기타 (   )

21. 합작법인의 원자재나 부품의 주된 조달처는 어디입니까

① 현지합작선으로부터 구입

② 국내 모기업으로부터 구입

③ 현지국 내의 외부 기업으로부터 구입

④ 제3국 기업으로부터 구입

⑤ 국내 제3기업으로부터 구입

⑥ 기타 (   )

22. 현지인의 유지 및 노무관리 방안으로서 높은 임금의 보상이
나 종업원과의 유대관계 증진을 위한 야유회 등 각종 동기부여
정책을 실시하고 있습니까? 예(　) 아니오(　)
동기부여정책을 실시하고 있다면 아래 사항 중 어떠한 정책을
가장 많이 실시하고 있습니까?
① 다른 기업(현지국 및 외국)보다 높은 급여
② 일정 년도의 근무 후 승진보장
③ 각종 유급휴가기회 및 보너스 제도의 실시
④ 의료보험제도 및 정기적인 건강진단실시
⑤ 현지인의 교육기회를 위한 위탁교육이나 학교시설건립 및 선
　　진국 견학기회제공
⑥ 기타 (　　　　　　　　　　　　　　)

23. 합작회사에 대한 노사분규의 발생경험이 있습니까? 있음 (　)
없음 (　) 만약 발생경험이 있으시다면 가장 중요한 발생 요인
은 어느 것이라 생각하십니까?
① 근로조건의 열악 및 낮은 임금
② 근로자에 대한 비인간적인 처우
③ 귀사 파견관리자의 현지국 노동환경과 노동관계 법규의 이해부족
④ 귀사 파견 관리자의 현지국 노동환경과 노동관계 법규의 이
　　해부족
⑤ 합작법인 내 노무관리 전담자 및 전담부서의 미비
⑥ 기타 (　)

Ⅲ. 현지합작법인의 성과와 관련된 부문입니다.

1. 합작 사업에 대한 귀사의 만족도는 어느 정도입니까?

매우 불만족			보통			매우 만족
1	2	3	4	5	6	7

2. 귀사가 생각하건데 합작 사업에 대한 외국합작선의 만족도는
   어느 정도라고 생각하십니까?

매우 불만족			보통			매우 만족
1	2	3	4	5	6	7

3. 아래 사항에 대하여 귀사가 느끼는 만족도는 어는 정도입니까?

매우 불만족			보 통		매우 만족	
1	2	3	4	5	6	7

	1	2	3	4	5	6	7
① 합작회사의 매출액	1	2	3	4	5	6	7
② 현지 시장점유율	1	2	3	4	5	6	7
③ 합작회사의 수익률	1	2	3	4	5	6	7
④ 합작회사의 제품디자인능력	1	2	3	4	5	6	7
⑤ 합작회사의 제조 및 품질관리능력	1	2	3	4	5	6	7
⑥ 합작회사의 노동생산성	1	2	3	4	5	6	7
⑦ 합작회사에 대한 평판	1	2	3	4	5	6	7
⑧ 현지 유통경로에 대한 접근	1	2	3	4	5	6	7
⑨ 합작회사의 대고객서비스 정도	1	2	3	4	5	6	7
⑩ 현지에서의 장기적 사업토대의 마련	1	2	3	4	5	6	7
⑪ 합작 기업에 대한 예산통제나 원가통제 정도	1	2	3	4	5	6	7
⑫ 합작회사와의 상호 신뢰성 구축이나 유대관계	1	2	3	4	5	6	7

4. 귀사 합작법인은 투자금액은 얼마입니까? (달러)

5. 최근 3년간 합작법인의 매출액 평균성장률은 몇 %입니까?
　　(　　　　%)

6. 최근 3년간 합작법인의 연평균 매출액은 얼마입니까? (달러)

7. 최근 3년간 합작법인의 연평균 당기 순이익은 얼마입니까?
　　(　　　달러)

8. 합작 사업의 최초 손익분기점 달성까지의 기간은 조업개시 후
몇 년입니까? (　　　　)년

　　　　작성자의 직위:　　　　　　성명:

오랜 시간 동안 긴 설문에 응답해 주셔서 대단히 감사합니다.
논문의 결과가 나오는 대로 가급적 빨리 귀사에 연구 결과를
보내드리도록 하겠습니다.

· 저자 ·

김용식　· 약　력 ·
(金溶植)
고려대학교 경영대학 무역학과 졸업
고려대학교 대학원 경영학석사(국제경영전공)
고려대학교 대학원 경영학박사(국제경영전공)

포스코경영연구소 연구위원
고려대학교 경영대학, 경영대학원 강사
강원대학교 경영대학 강사
강남대학교 강사

· 주요논저 ·

「세계 Big3 철강기업들의 글로벌 전략 사례연구」
「철강산업의 기술판매가격 산정모형 개발」
「전략적 제휴의 성과결정요인에 관한 고찰」
「한국기업의 국제합작투자 성과결정요인에 관한 실증연구」
「한국기업의 대개도국 국제합작투자 특성과 성과결정요인에 관한 실증연구」
「한국기업의 베트남투자 사례연구」
「한국기업의 베트남직접투자에 관한 제언」
「한국기업의 대북한 교역확대전략」
외 다수

韓國 企業의 國際合作投資 特性과 成果

· 초판 인쇄　2006년 11월 30일
· 초판 발행　2006년 11월 30일

· 지 은 이　김용식
· 펴 낸 이　채종준
· 펴 낸 곳　한국학술정보㈜
　　　　　　경기도 파주시 교하읍 문발리 526-2
　　　　　　파주출판문화정보산업단지
　　　　　　전화　031) 908-3181(대표) · 팩스　031) 908-3189
　　　　　　홈페이지　http://www.kstudy.com
　　　　　　e-mail(출판사업부)　publish@kstudy.com
· 등　　록　제일산-115호(2000. 6. 19)
· 가　　격　24,000원

ISBN　89-534-5982-6 93320 (Paper Book)
　　　　89-534-5983-4 98320 (e-Book)